Pays Chalets Livre de Coloriage

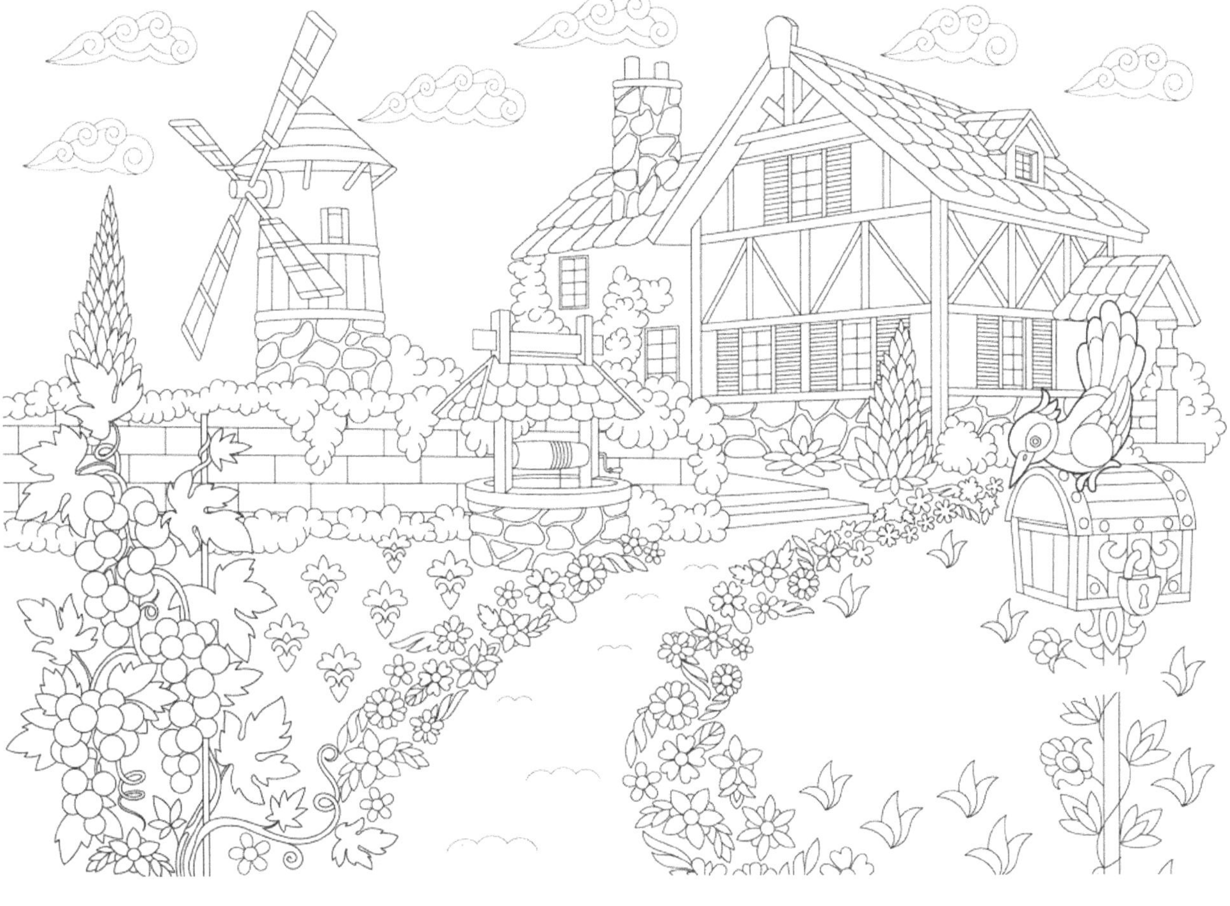

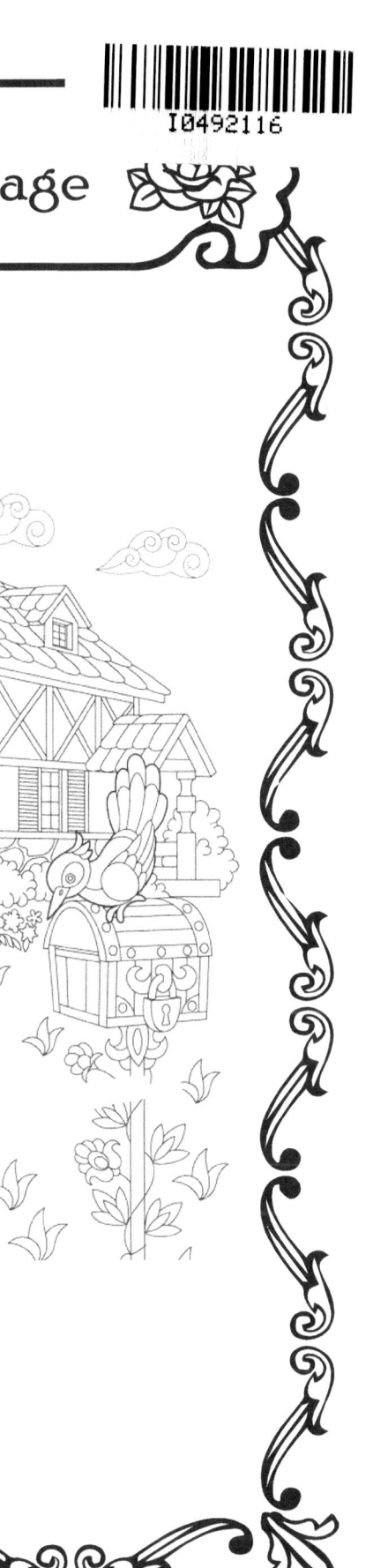

Pays Chalets Livre de Coloriage

Pays Chalets Livre de Coloriage

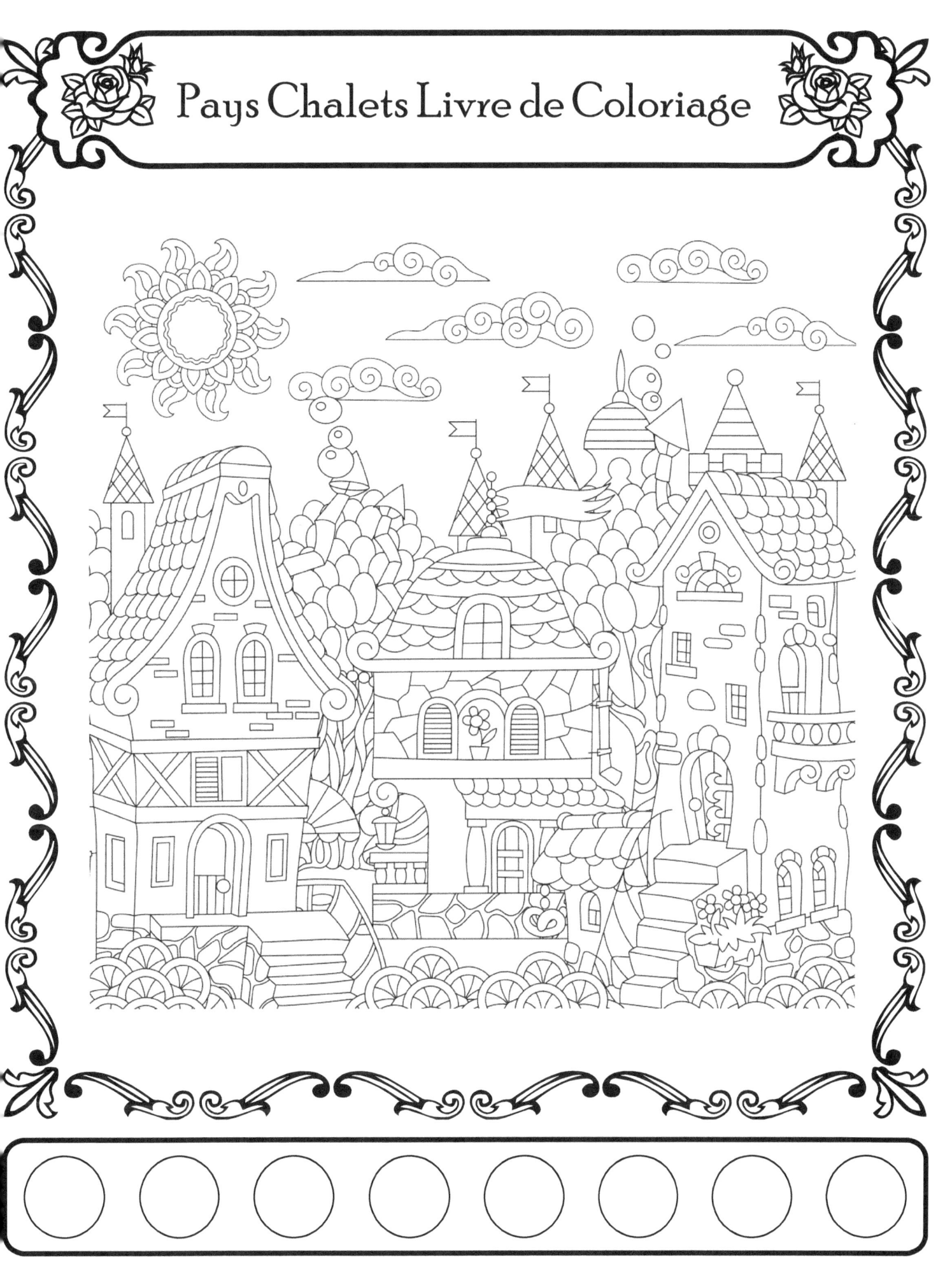

Pays Chalets Livre de Coloriage

Pays Chalets Livre de Coloriage

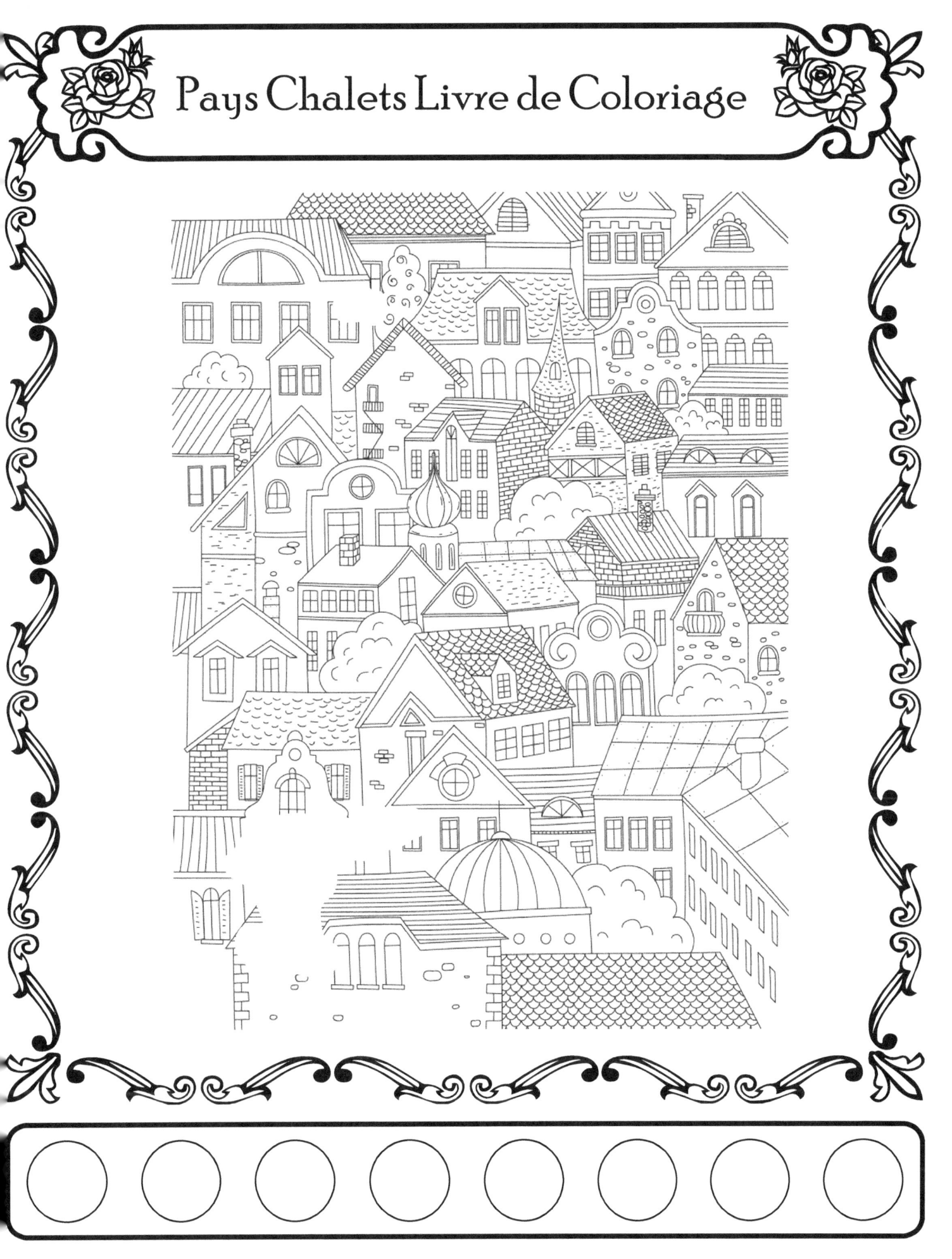

Pays Chalets Livre de Coloriage

Pays Chalets Livre de Coloriage

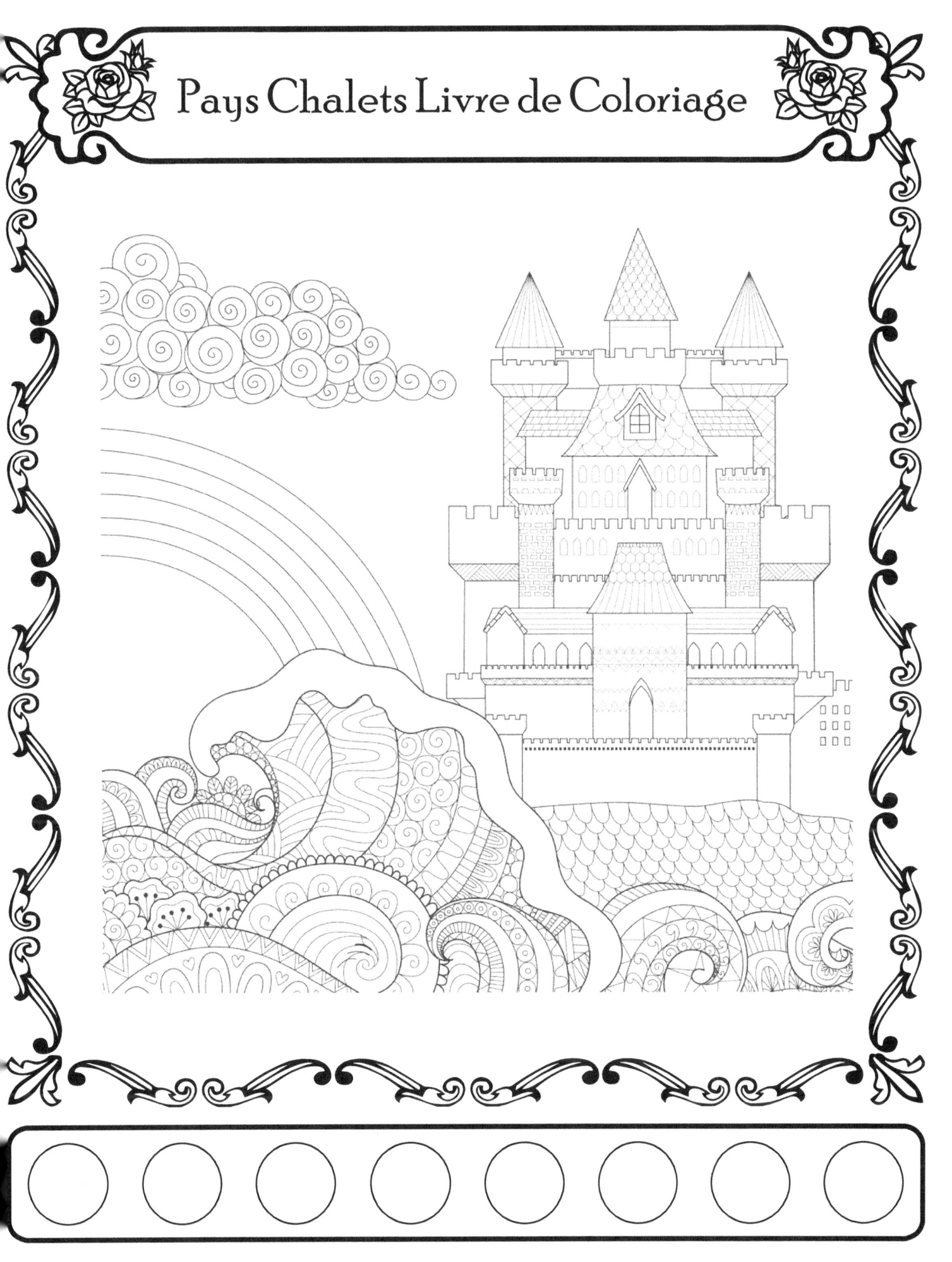

Pays Chalets Livre de Coloriage

Pays Chalets Livre de Coloriage

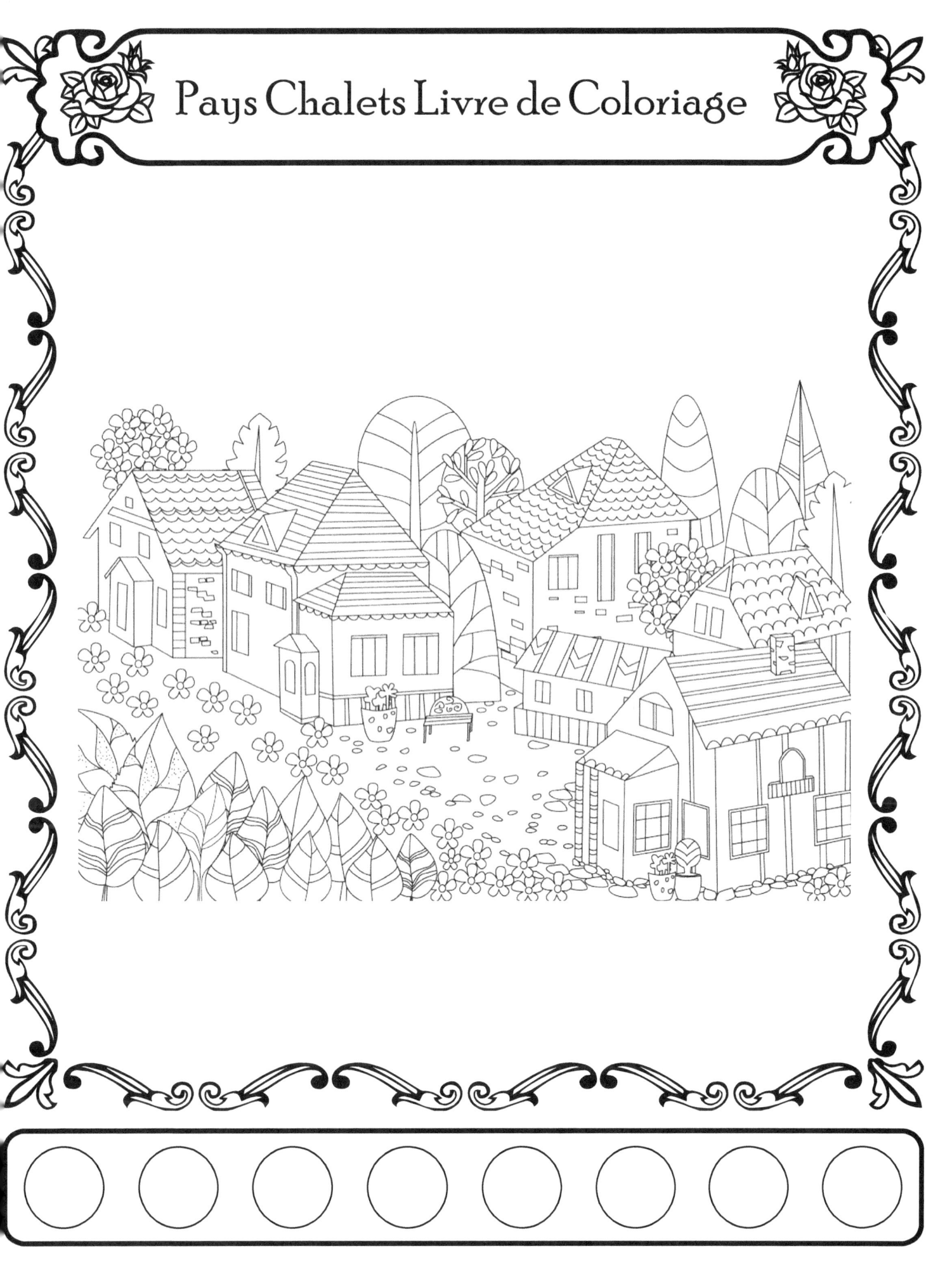

Pays Chalets Livre de Coloriage

Pays Chalets Livre de Coloriage

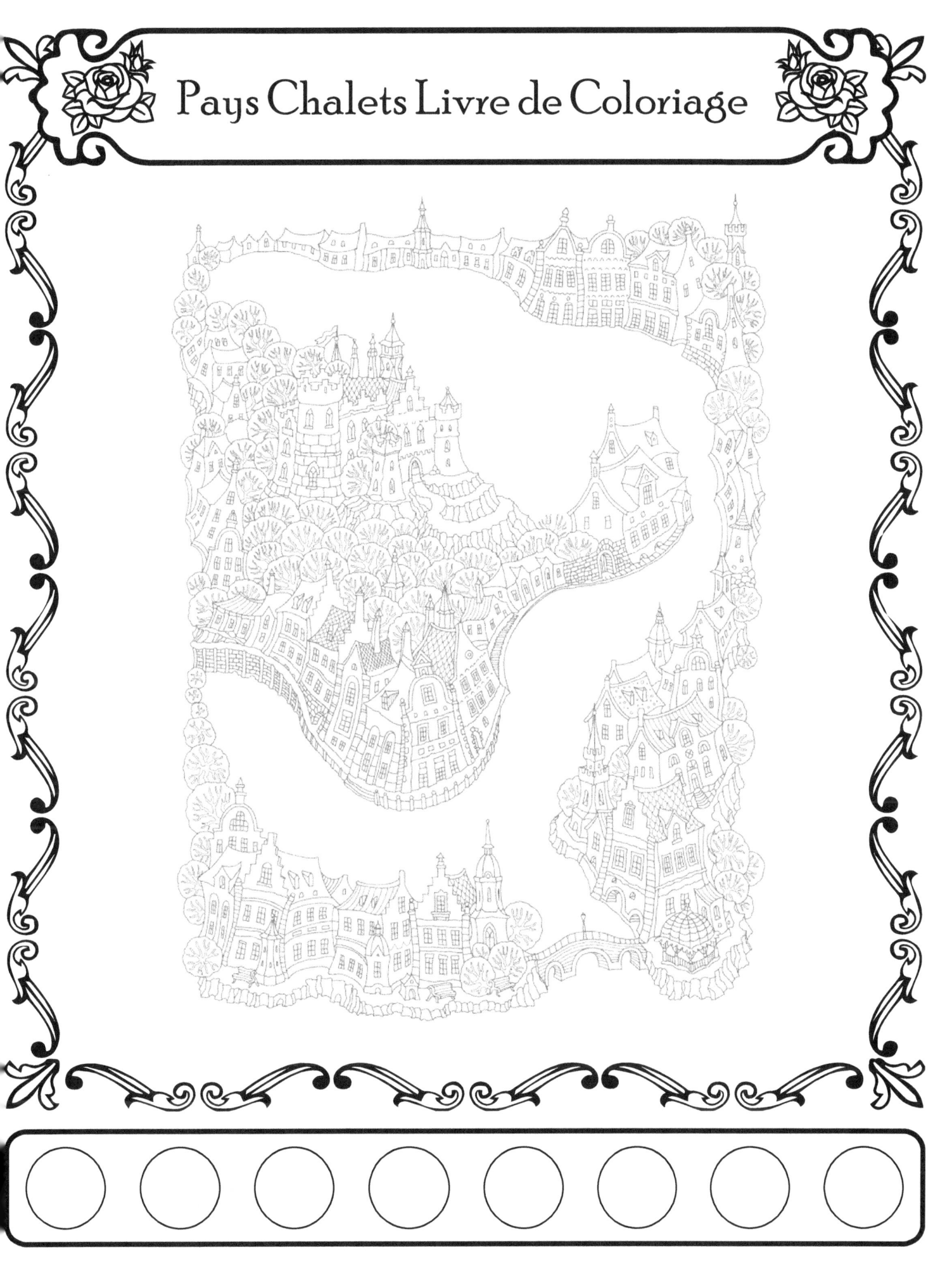

Pays Chalets Livre de Coloriage

Pays Chalets Livre de Coloriage

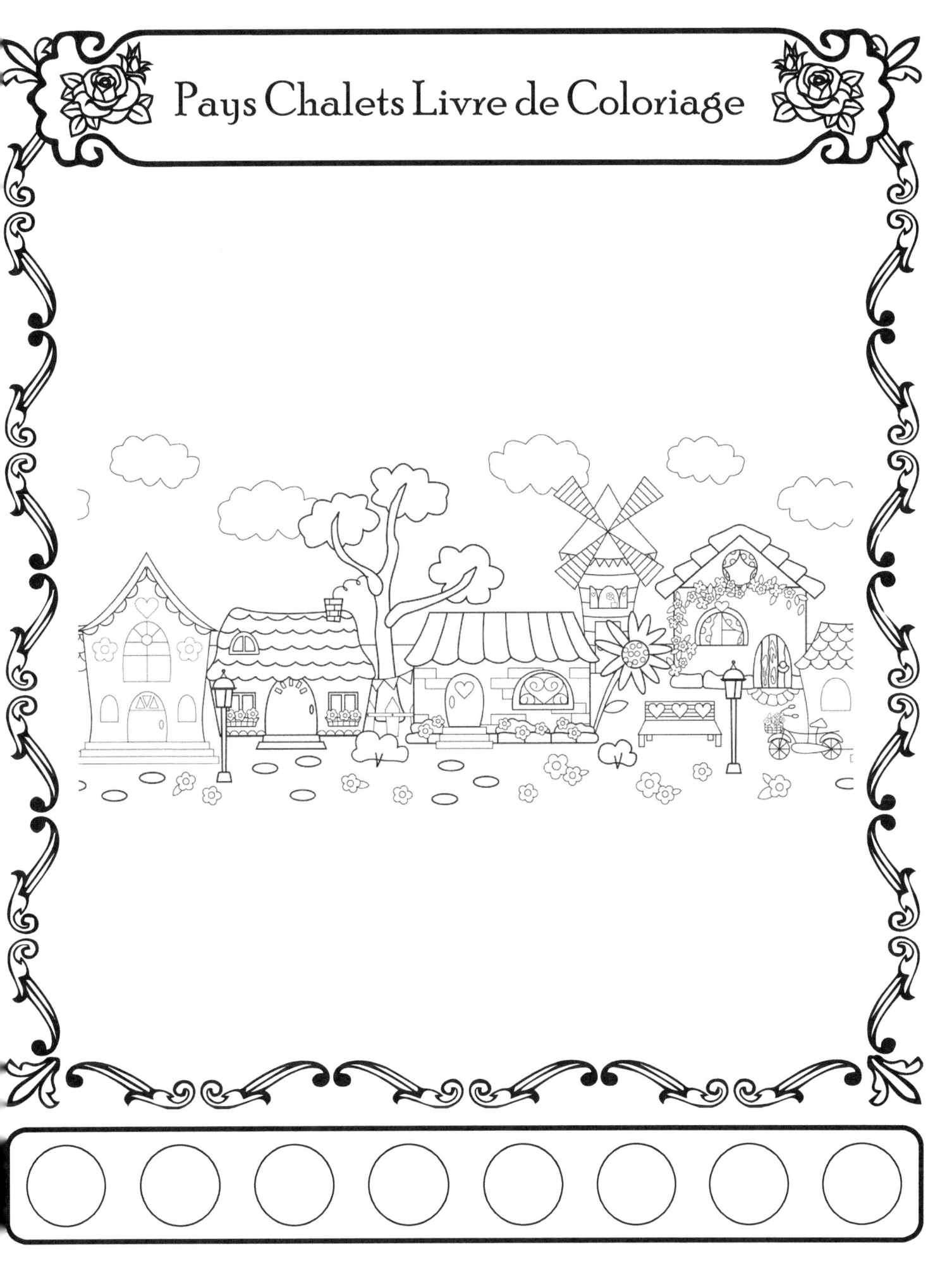

Pays Chalets Livre de Coloriage

Pays Chalets Livre de Coloriage

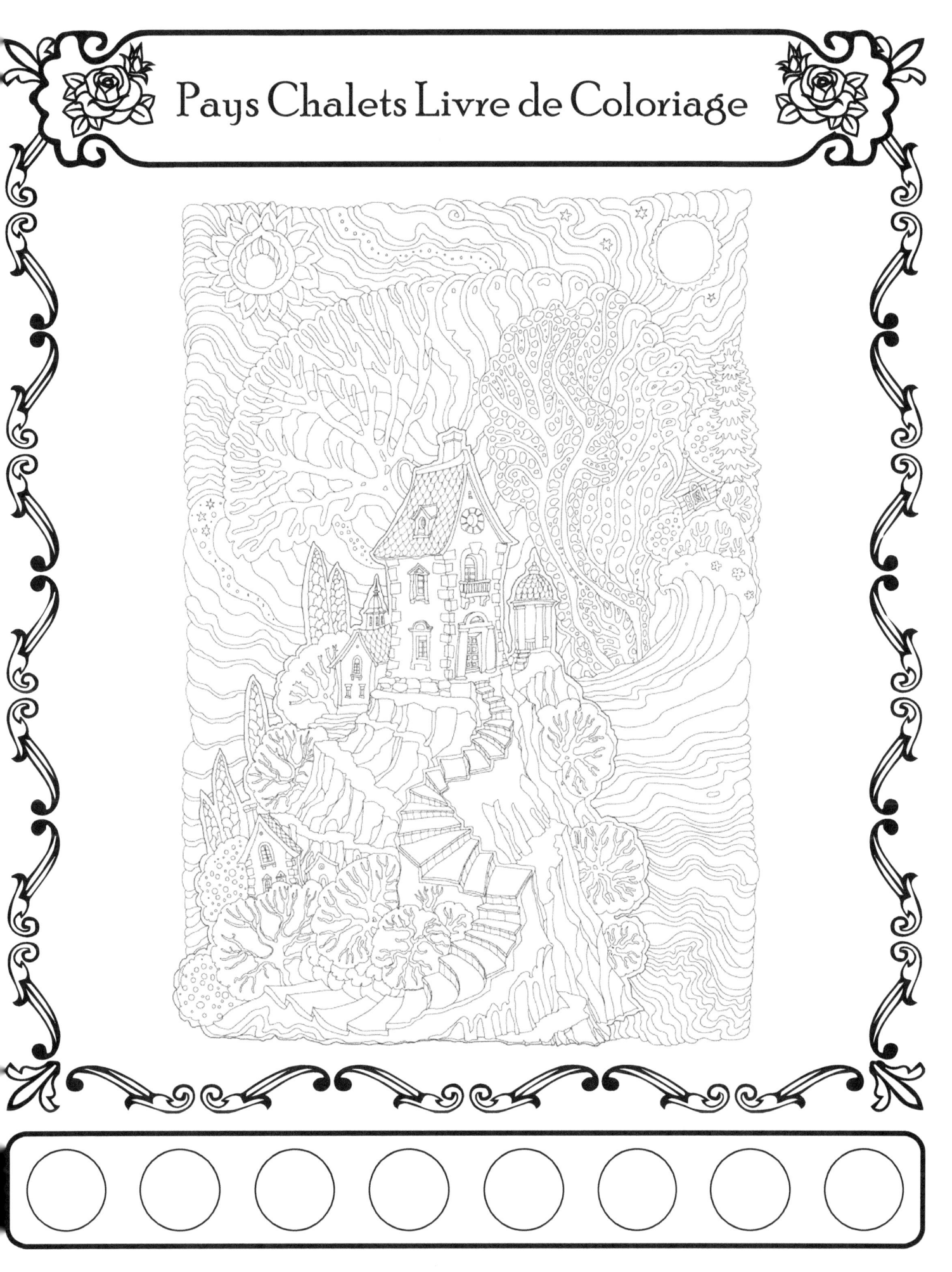

Pays Chalets Livre de Coloriage

Pays Chalets Livre de Coloriage

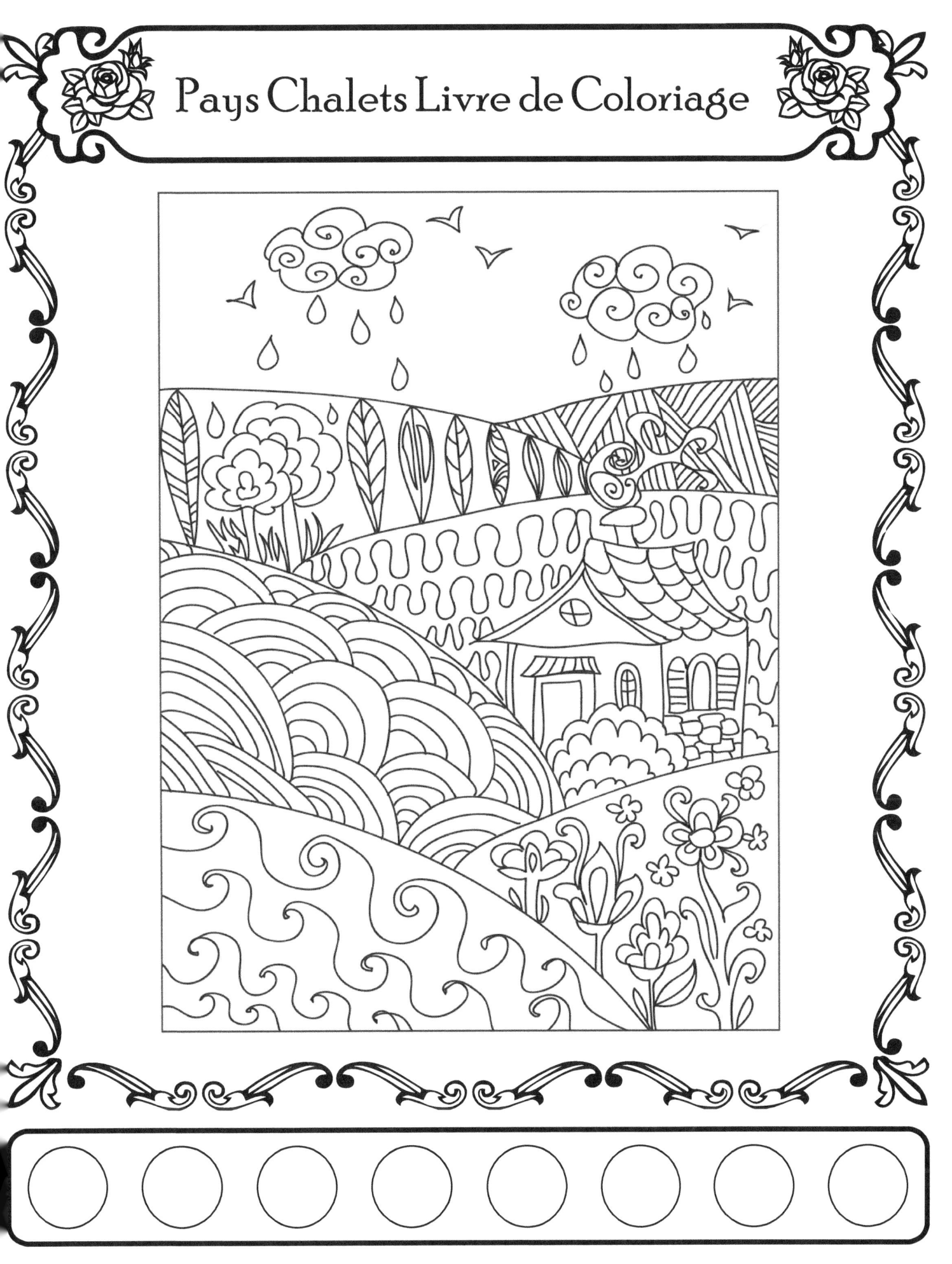

Pays Chalets Livre de Coloriage

Pays Chalets Livre de Coloriage

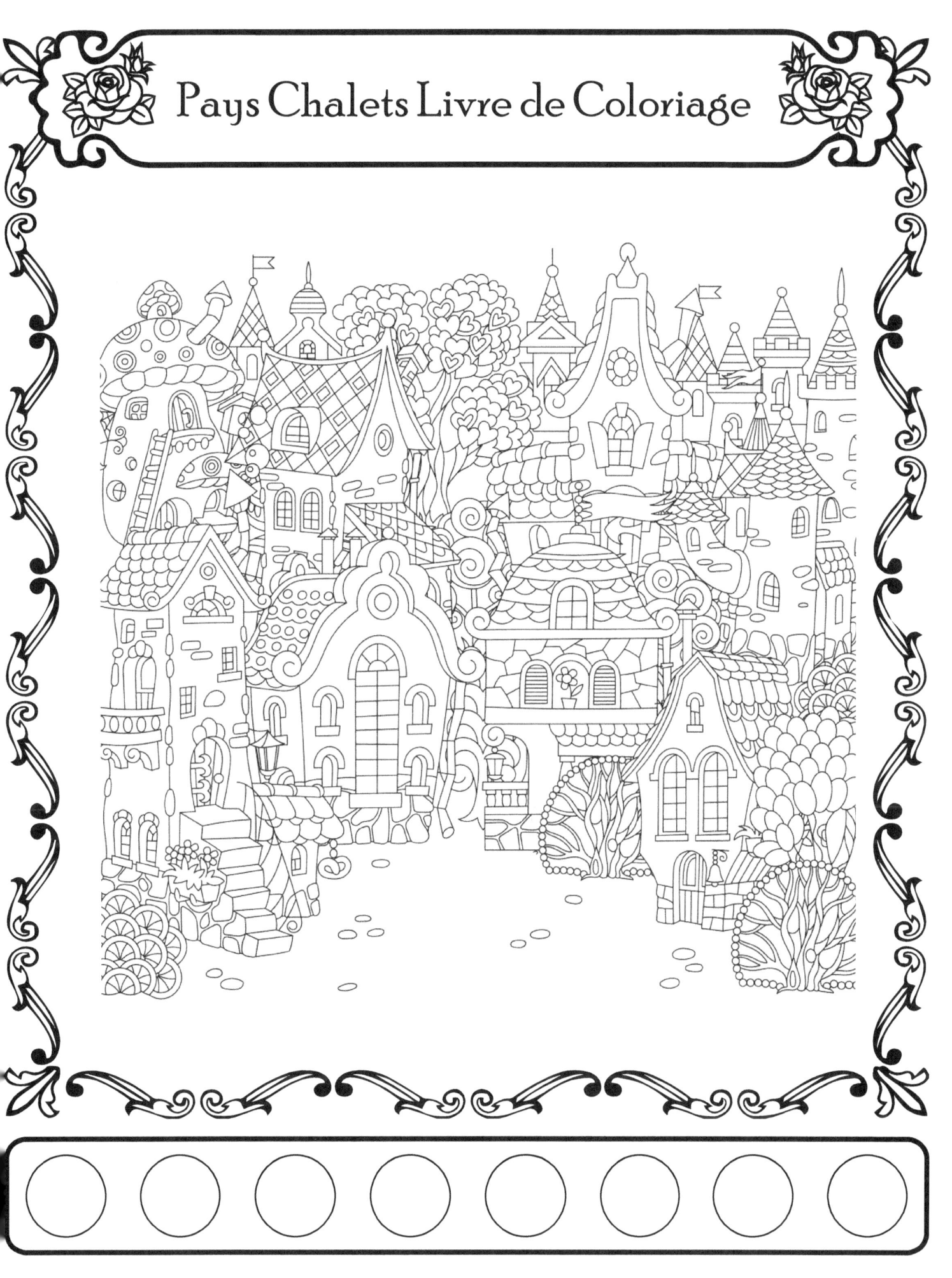

Pays Chalets Livre de Coloriage

Pays Chalets Livre de Coloriage

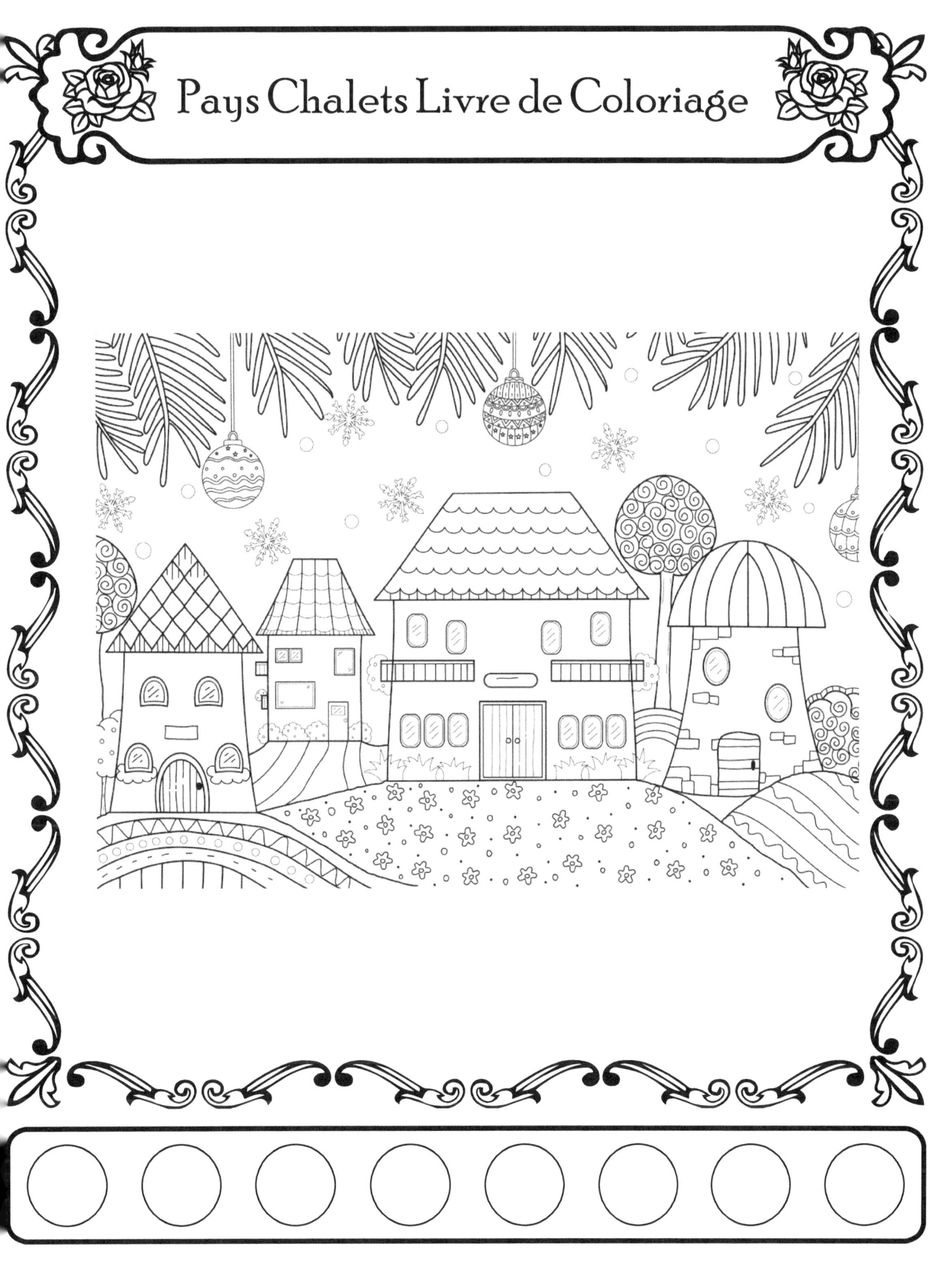

Pays Chalets Livre de Coloriage

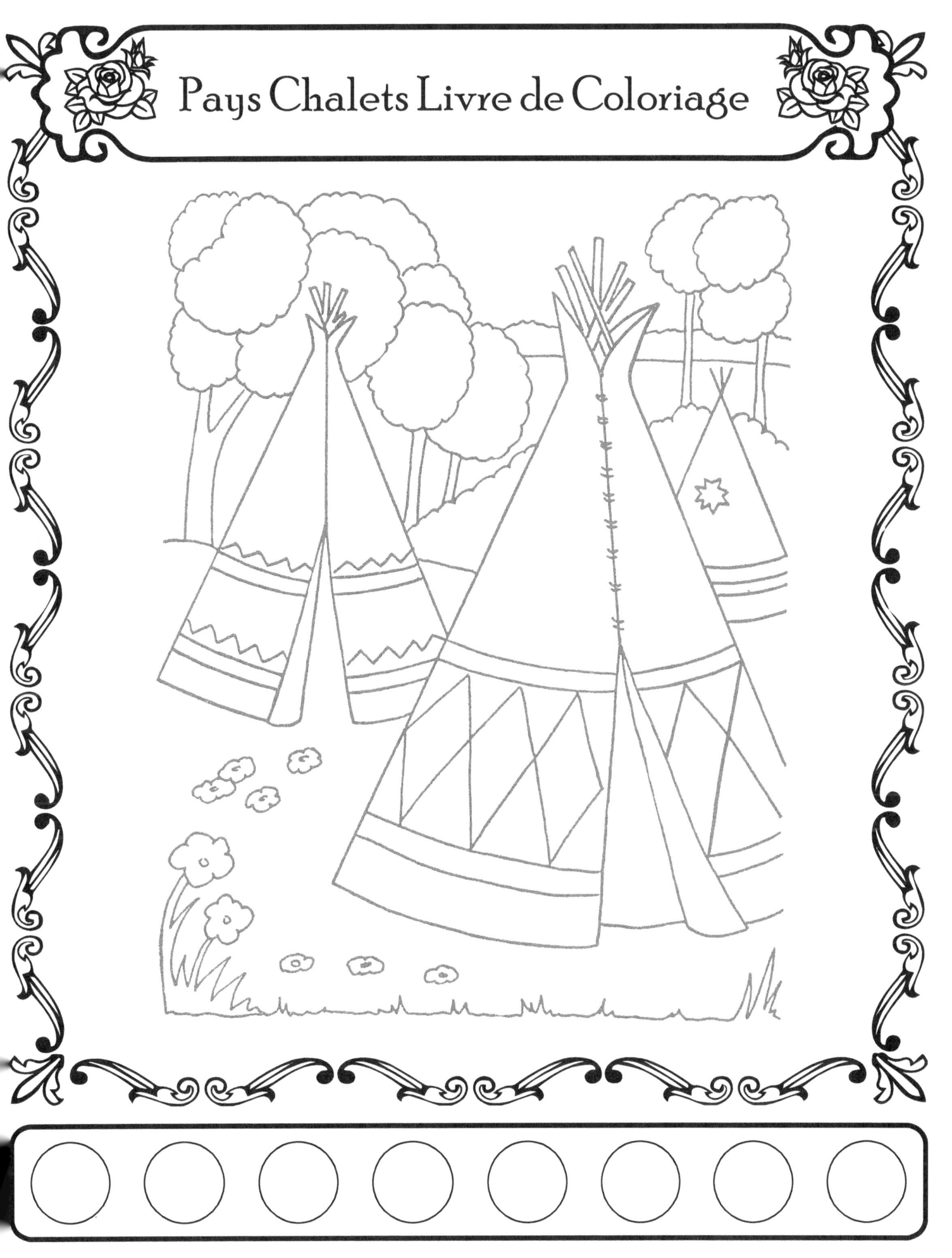

Pays Chalets Livre de Coloriage

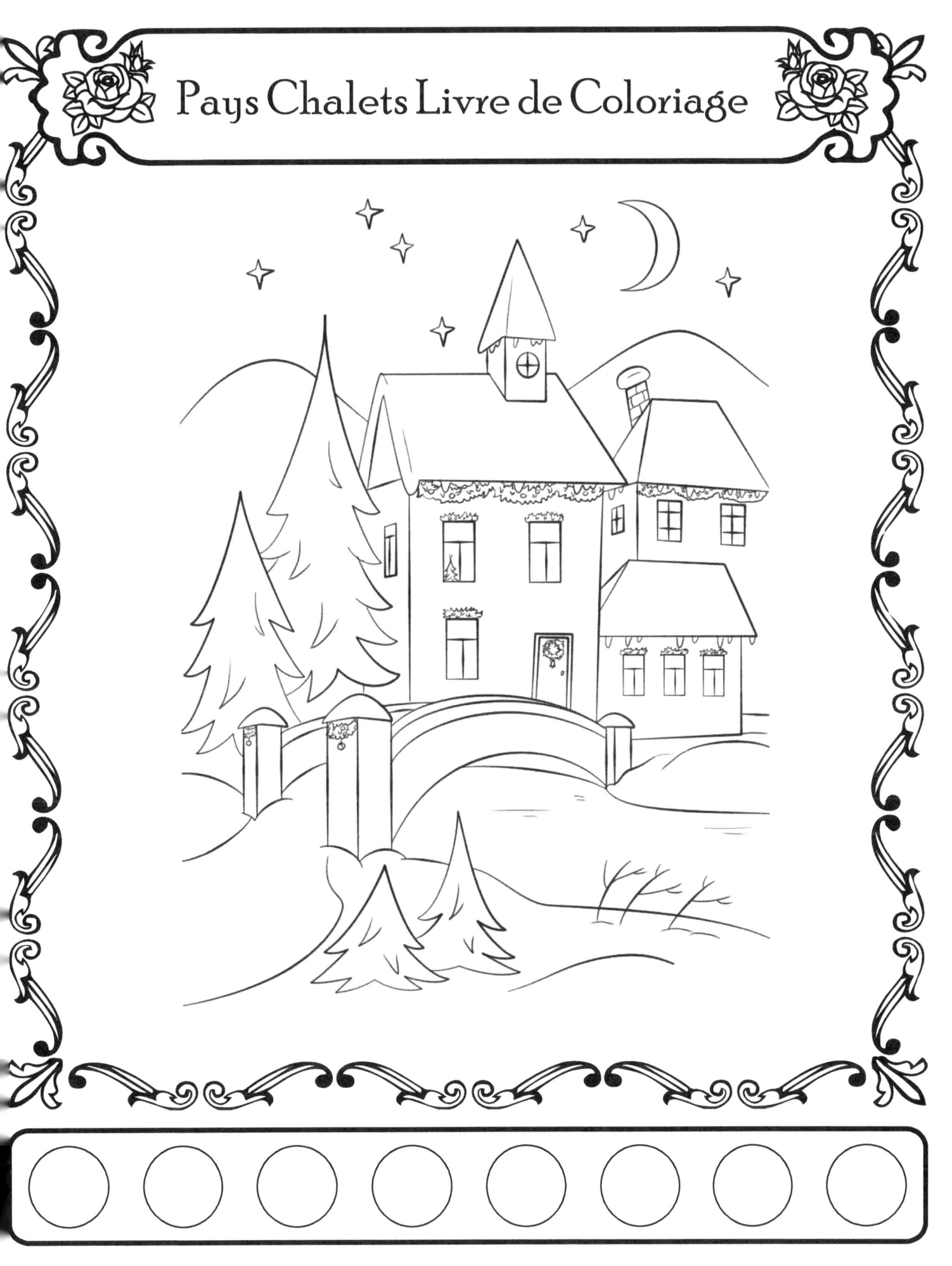

Pays Chalets Livre de Coloriage

Pays Chalets Livre de Coloriage

Pays Chalets Livre de Coloriage

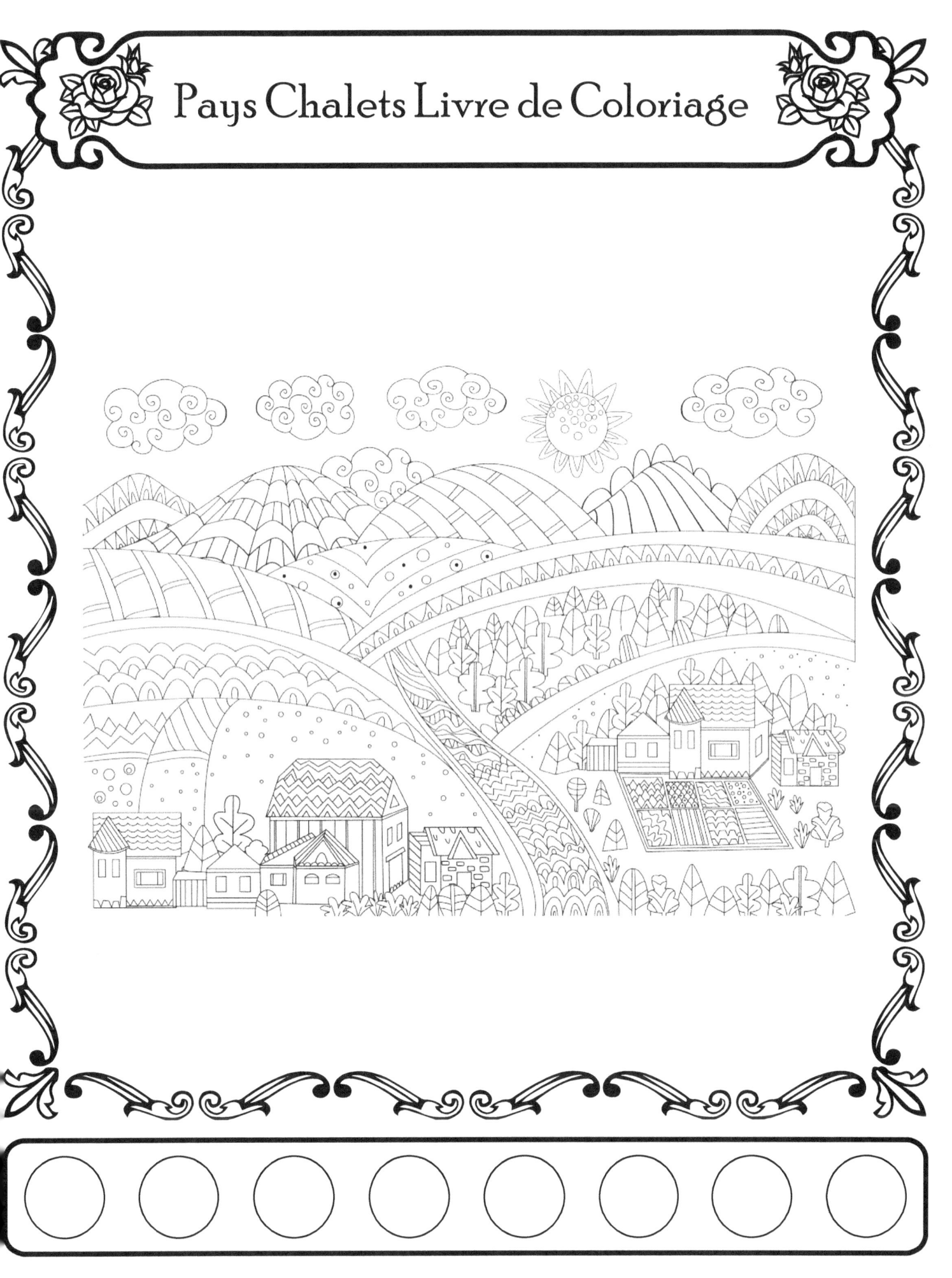

Pays Chalets Livre de Coloriage

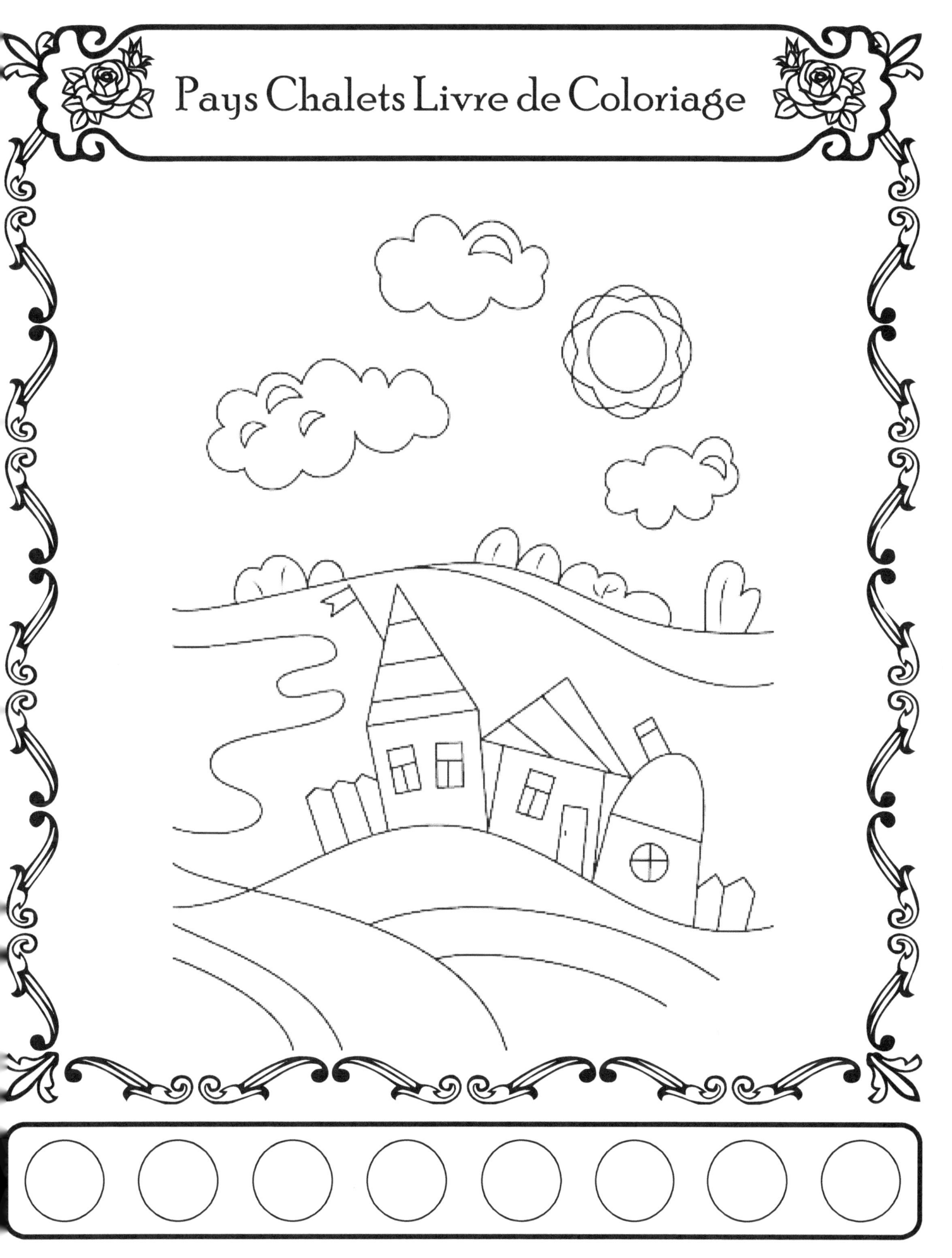

Pays Chalets Livre de Coloriage

Pays Chalets Livre de Coloriage

Pays Chalets Livre de Coloriage

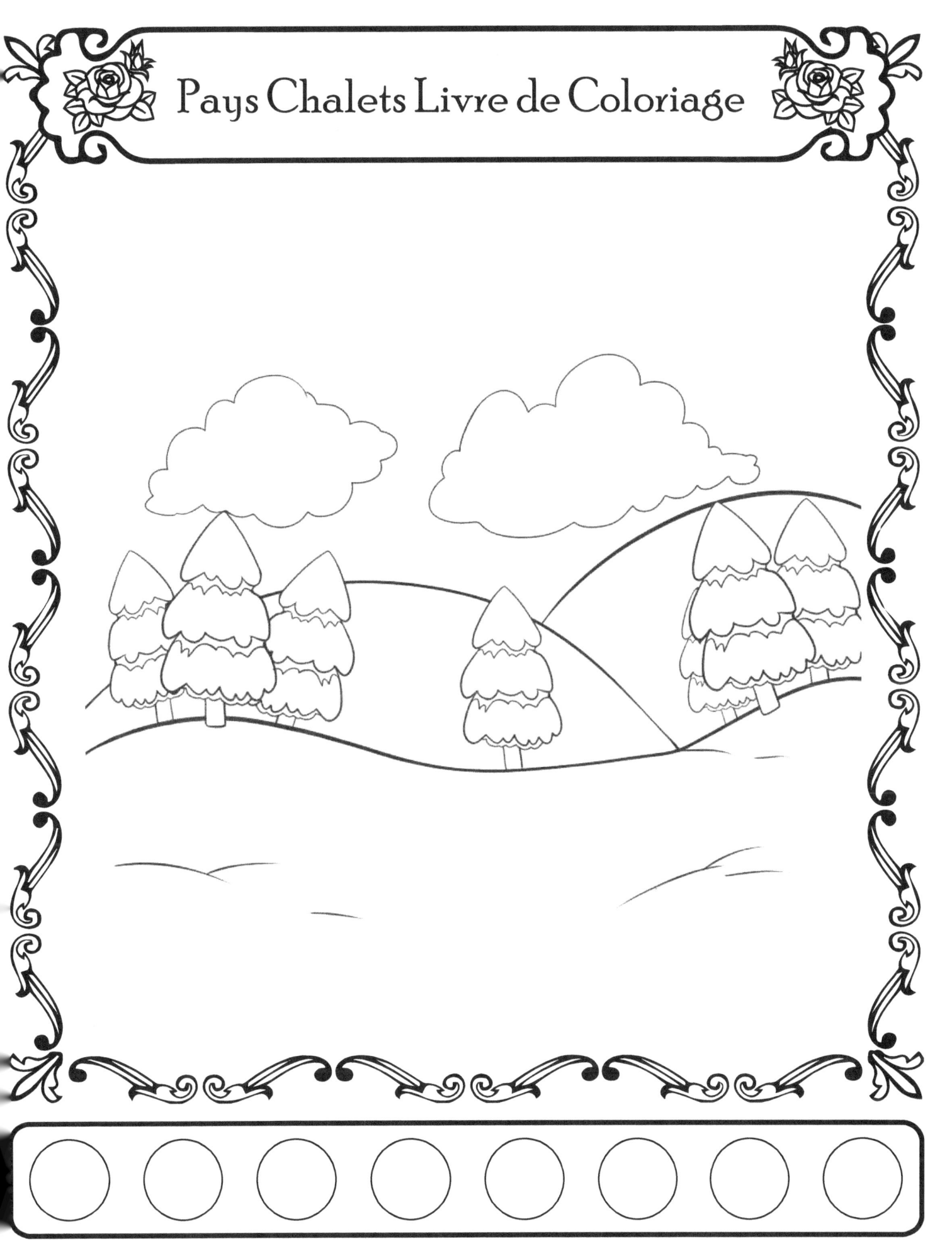

Pays Chalets Livre de Coloriage

Pays Chalets Livre de Coloriage

Pays Chalets Livre de Coloriage

Pays Chalets Livre de Coloriage

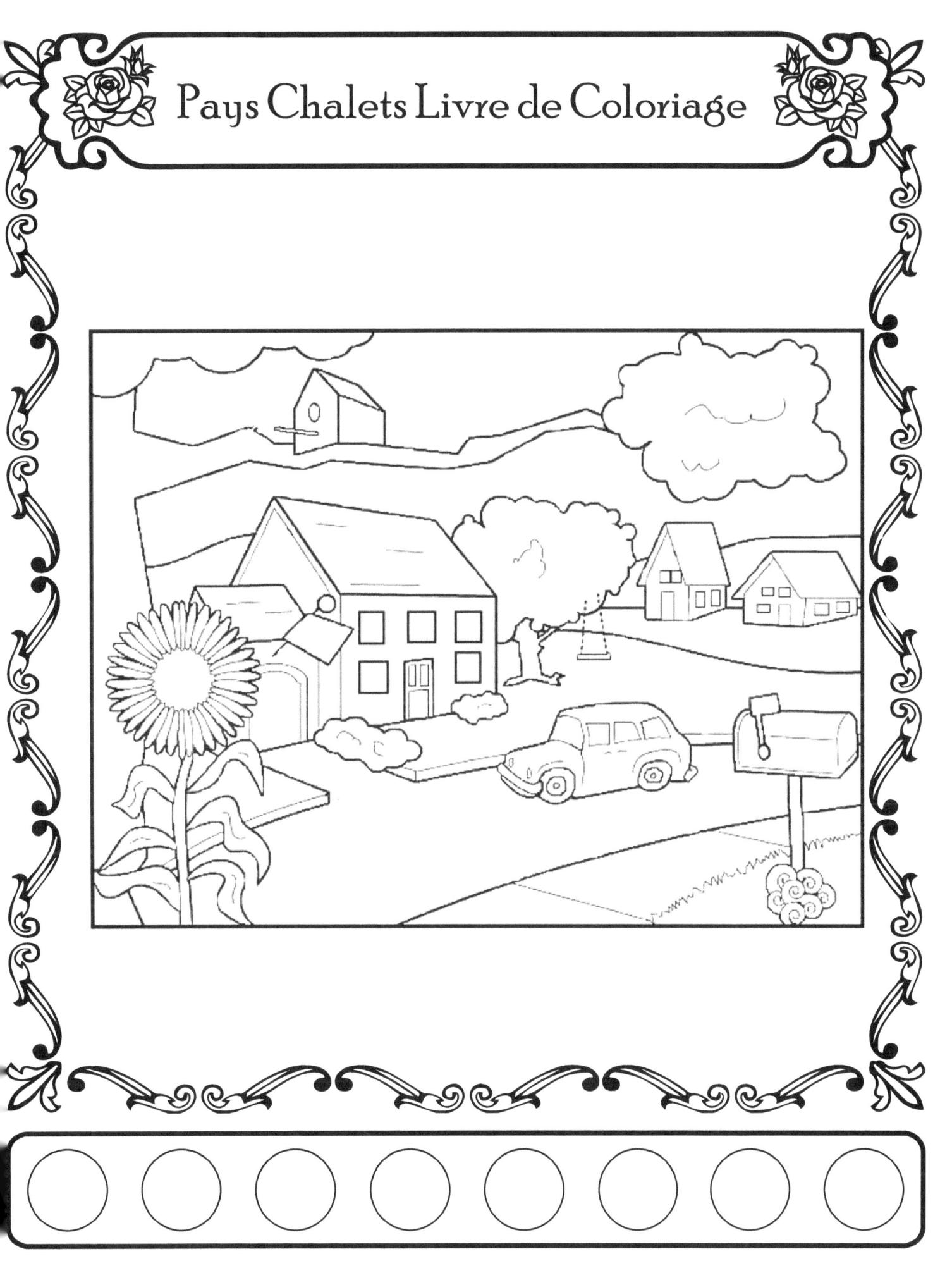

Pays Chalets Livre de Coloriage

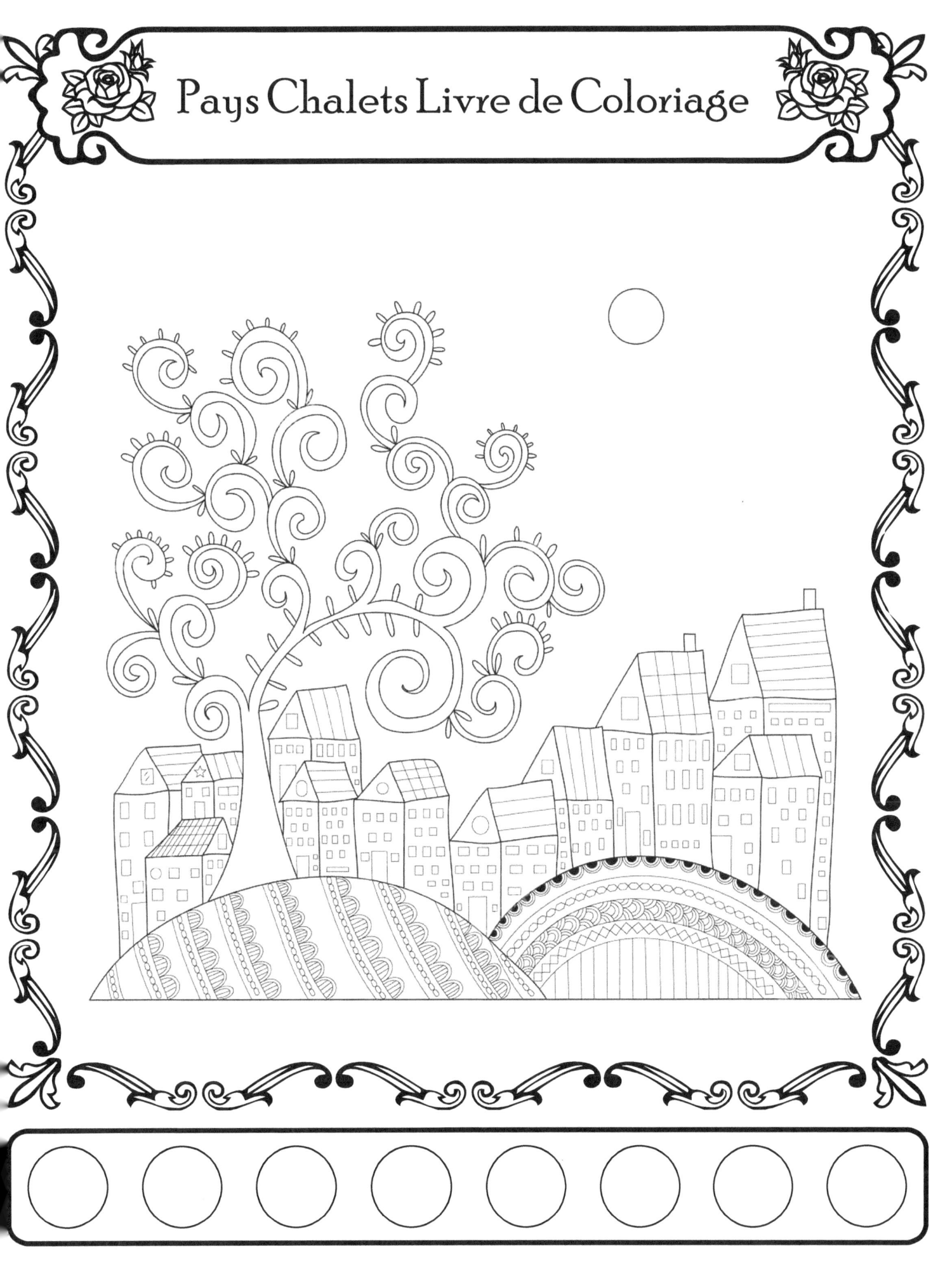

Pays Chalets Livre de Coloriage

Pays Chalets Livre de Coloriage

Pays Chalets Livre de Coloriage

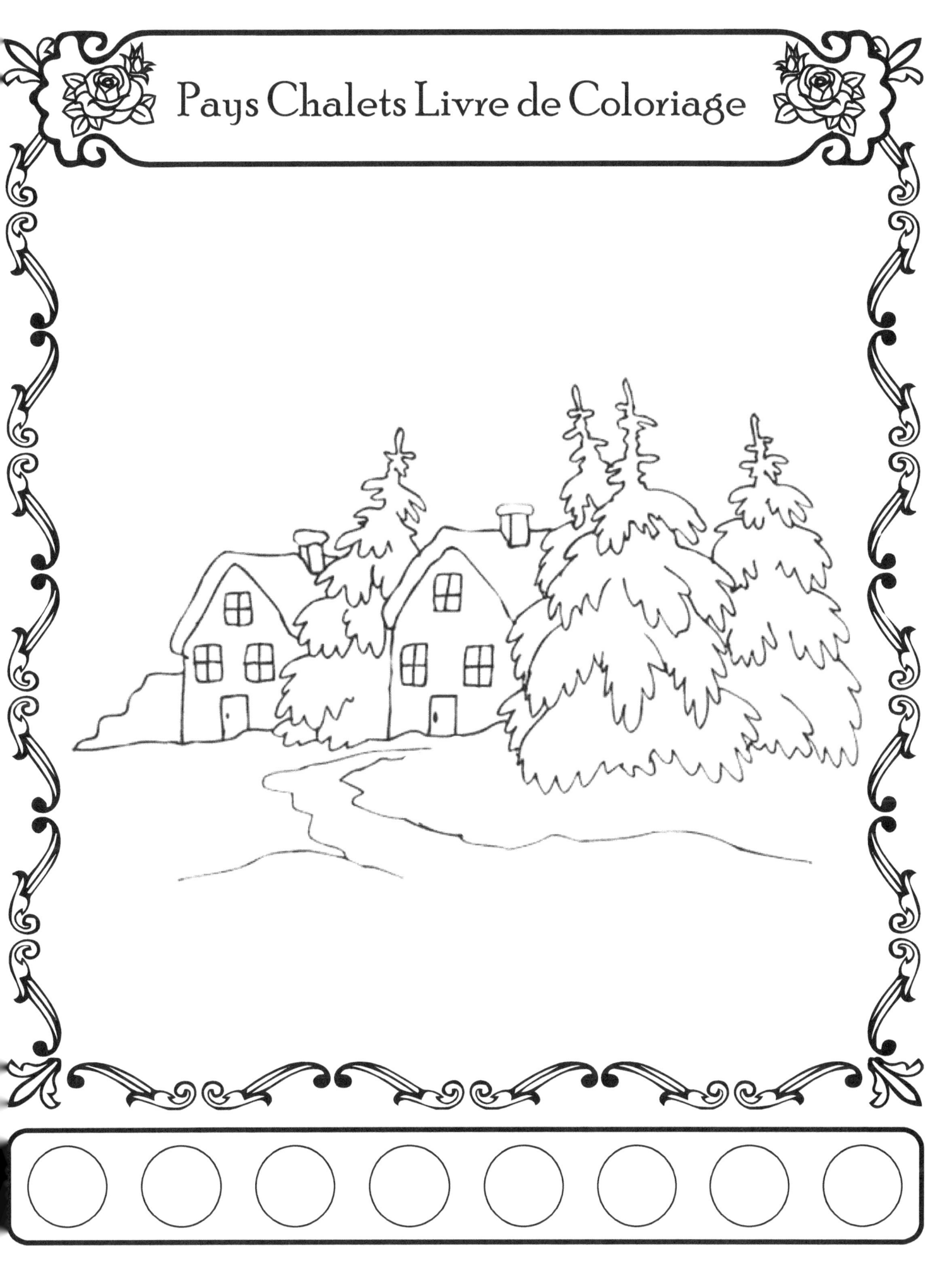

Pays Chalets Livre de Coloriage

Pays Chalets Livre de Coloriage

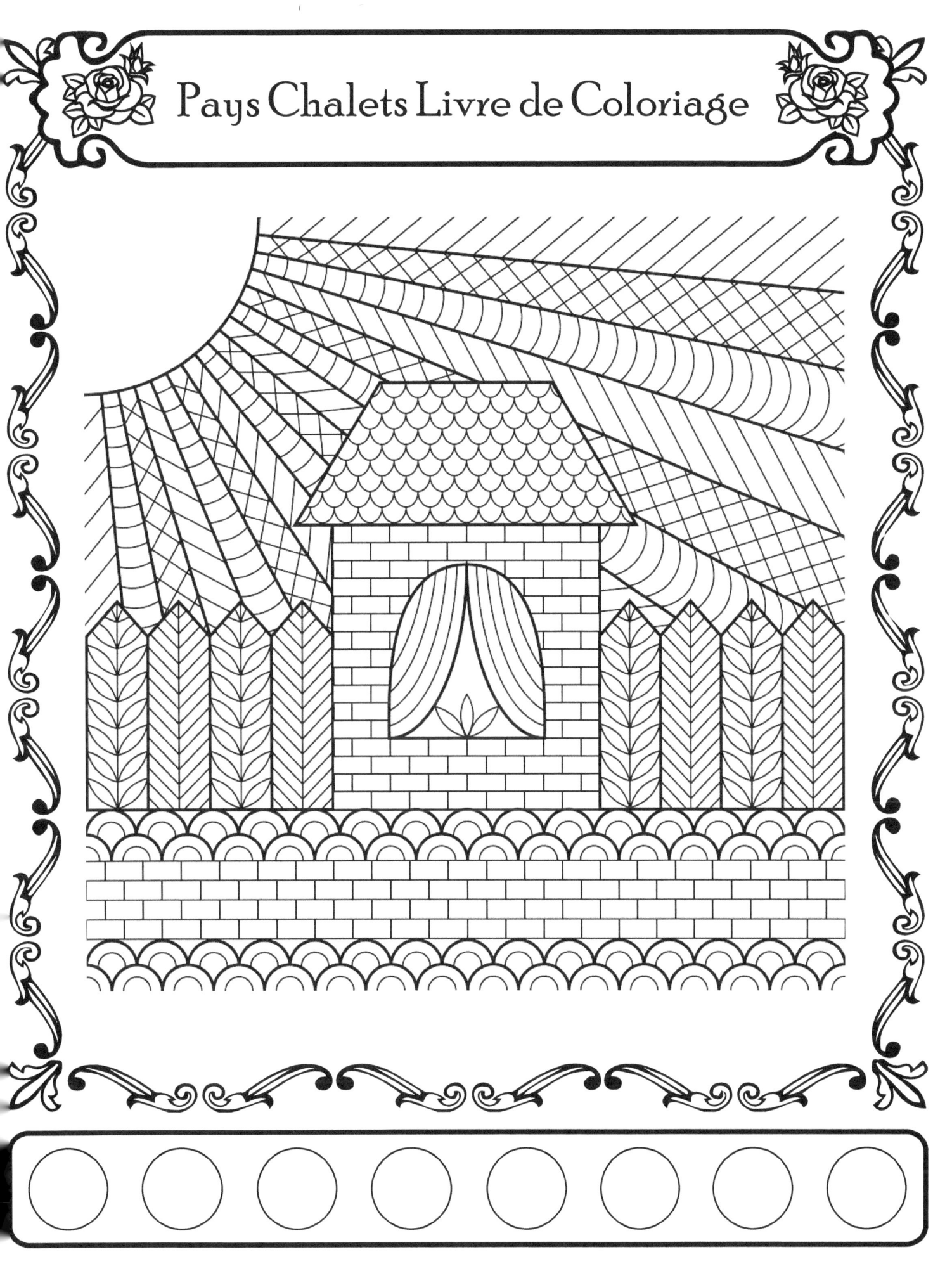

Pays Chalets Livre de Coloriage

Pays Chalets Livre de Coloriage

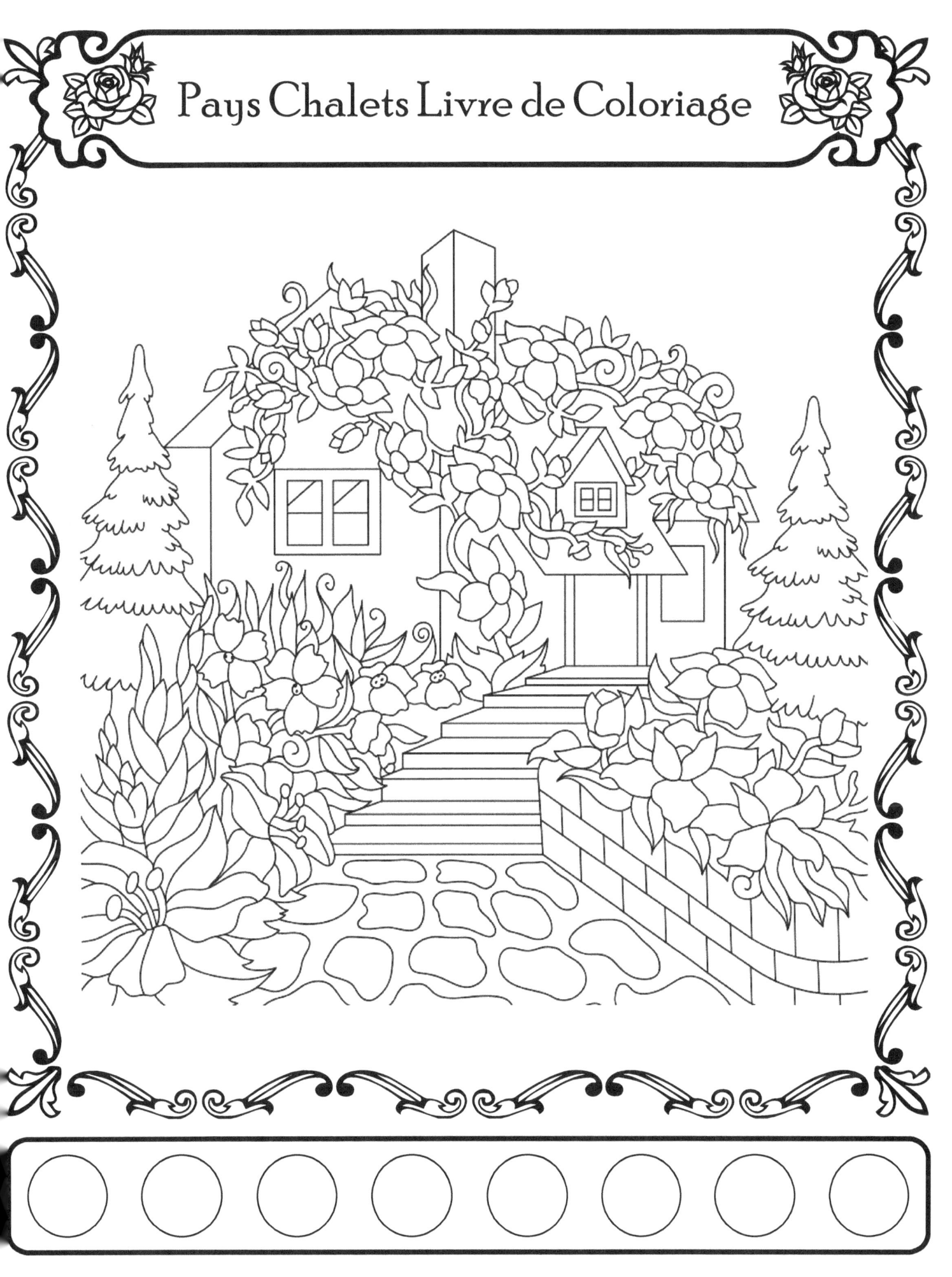

Pays Chalets Livre de Coloriage

Pays Chalets Livre de Coloriage

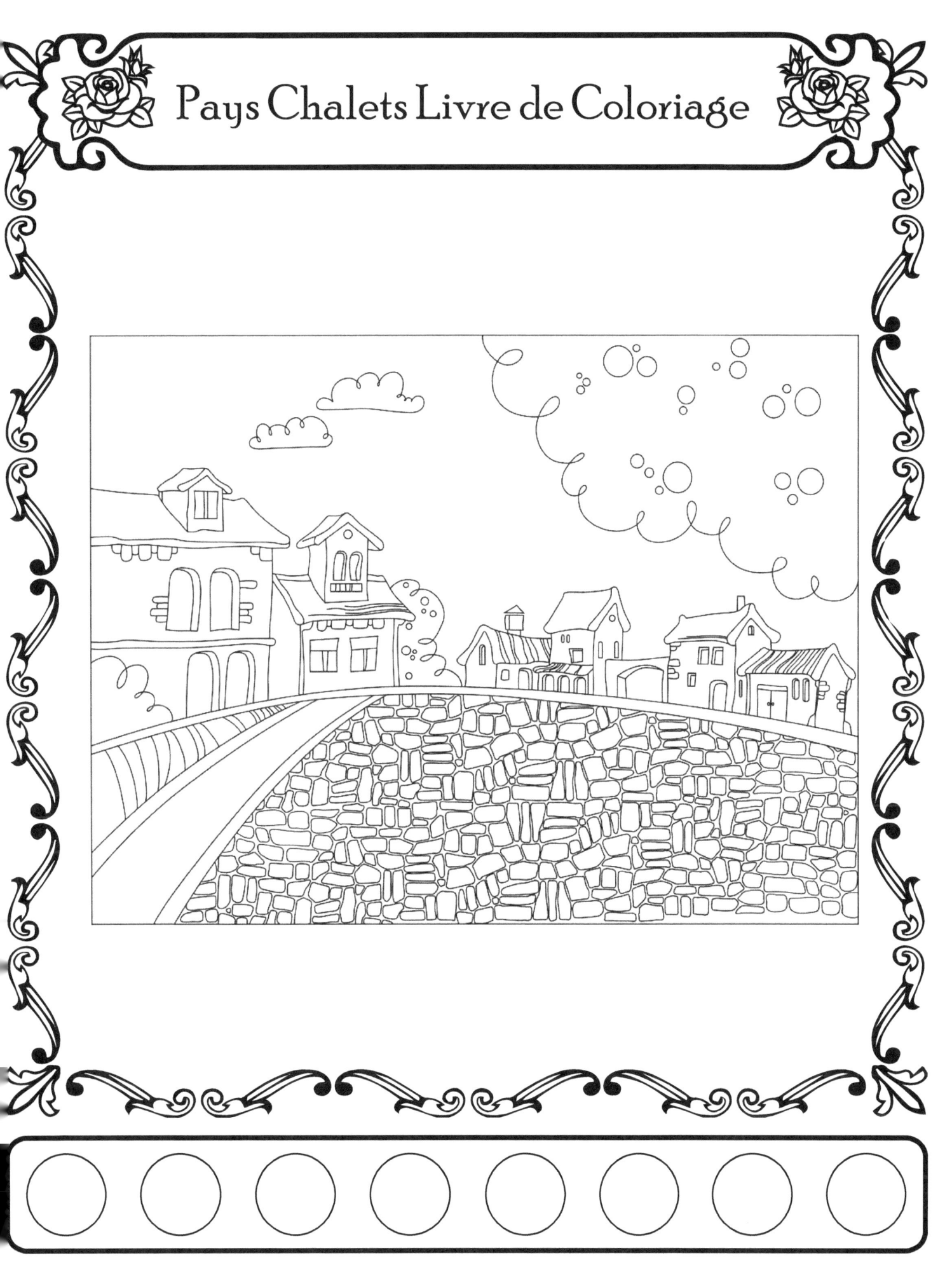

Pays Chalets Livre de Coloriage

Pays Chalets Livre de Coloriage

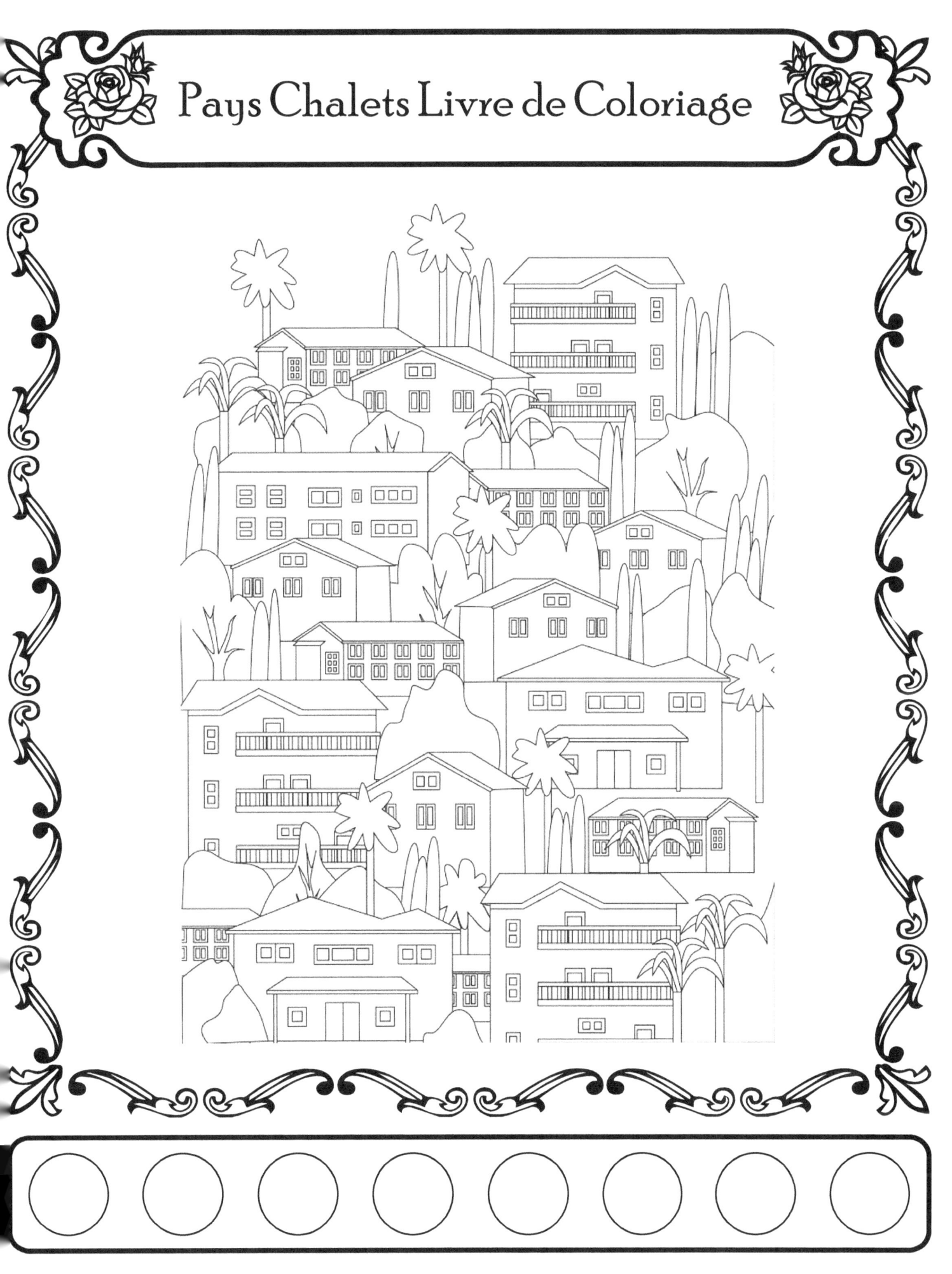

Pays Chalets Livre de Coloriage

Pays Chalets Livre de Coloriage

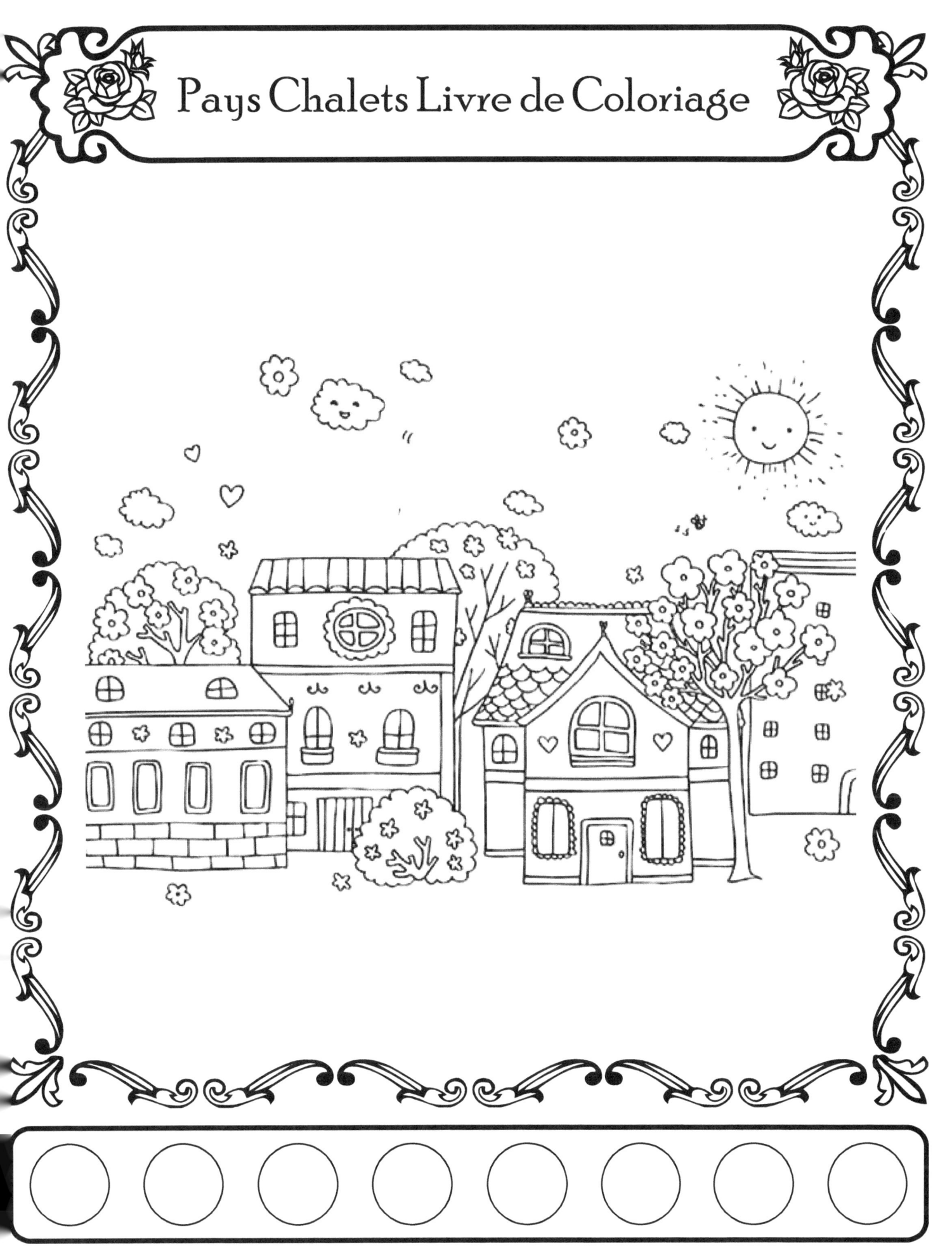

Pays Chalets Livre de Coloriage

Pays Chalets Livre de Coloriage

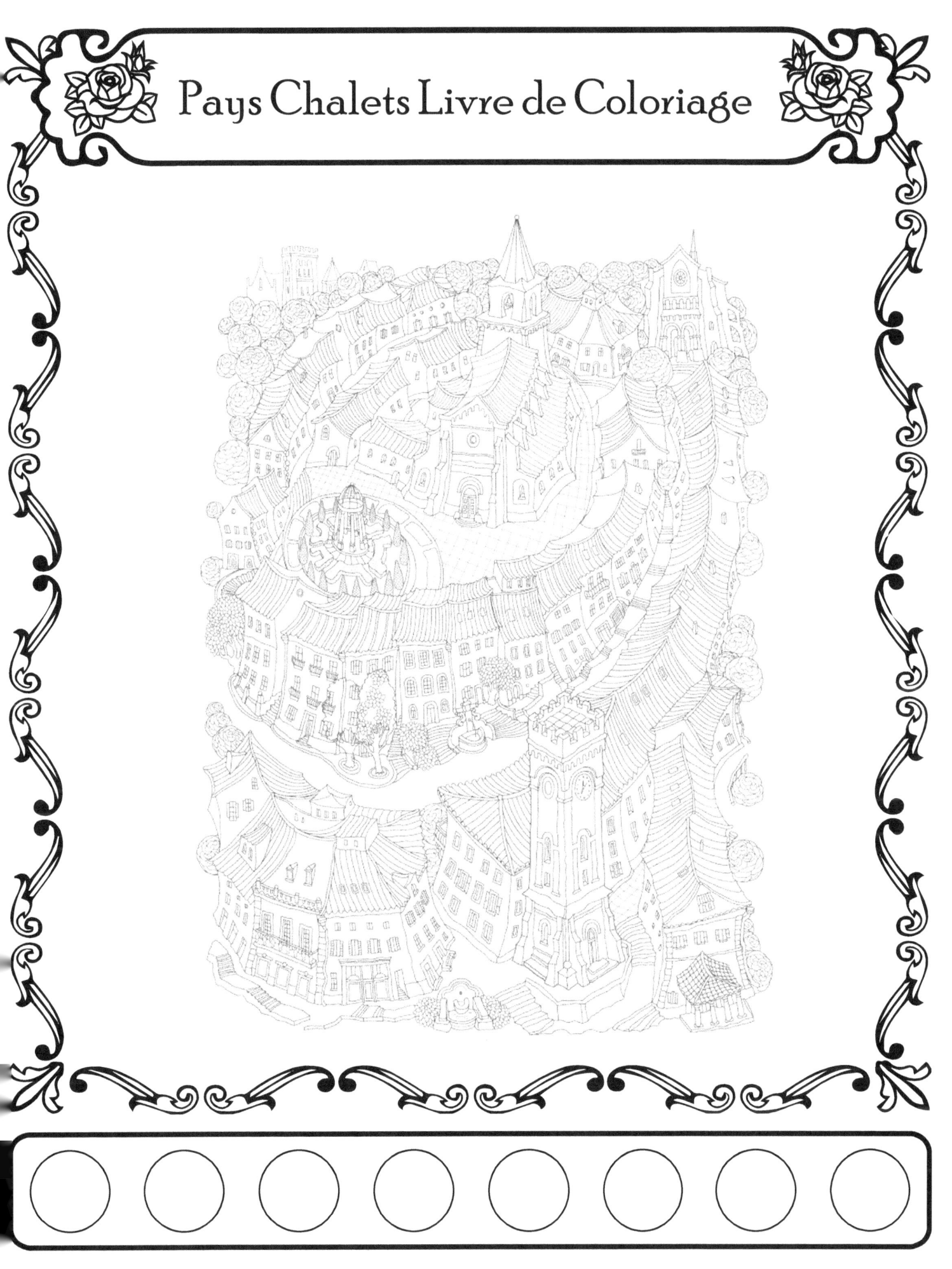

Pays Chalets Livre de Coloriage

Pays Chalets Livre de Coloriage

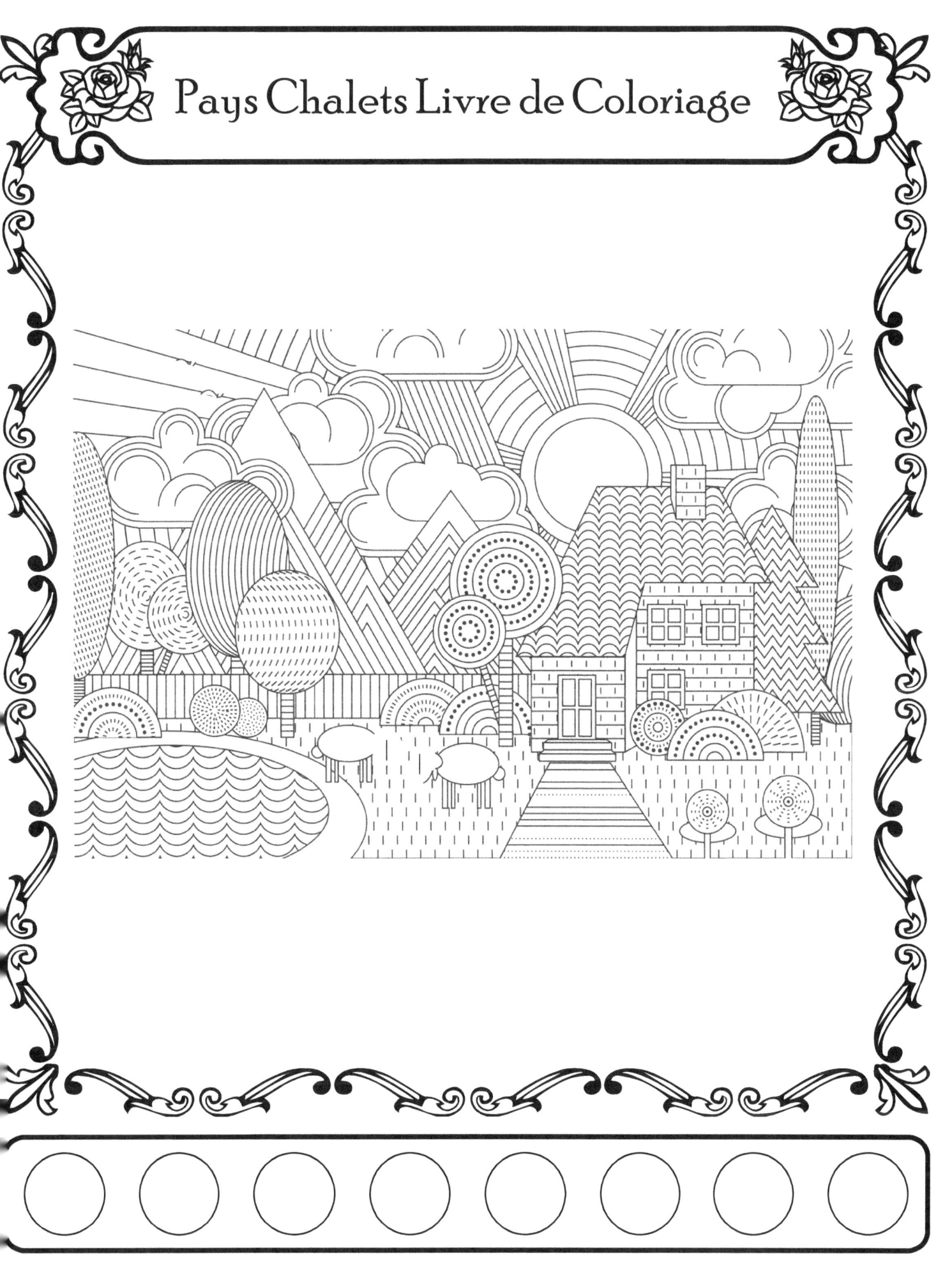

Pays Chalets Livre de Coloriage

Pays Chalets Livre de Coloriage

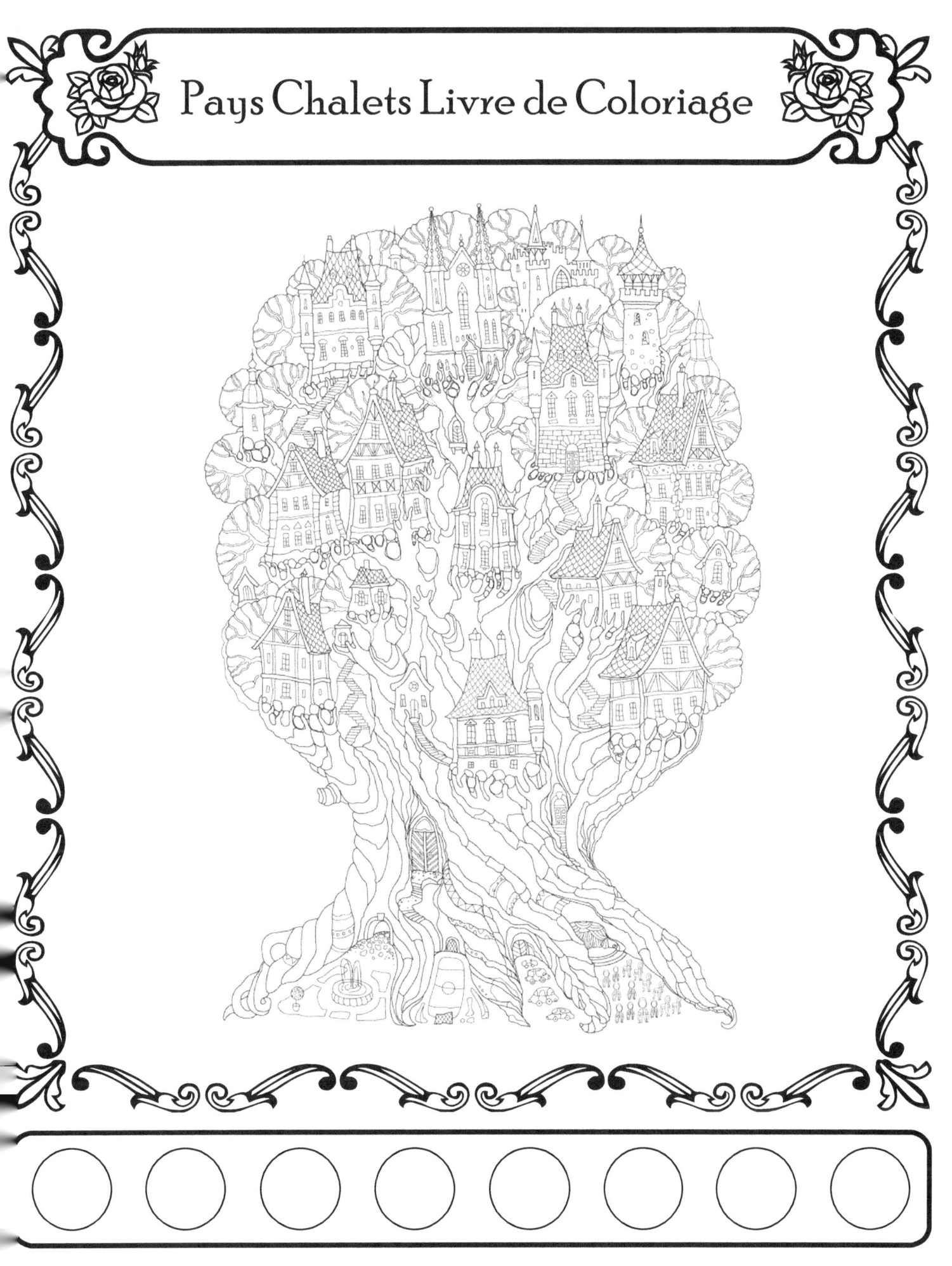

Pays Chalets Livre de Coloriage

Pays Chalets Livre de Coloriage

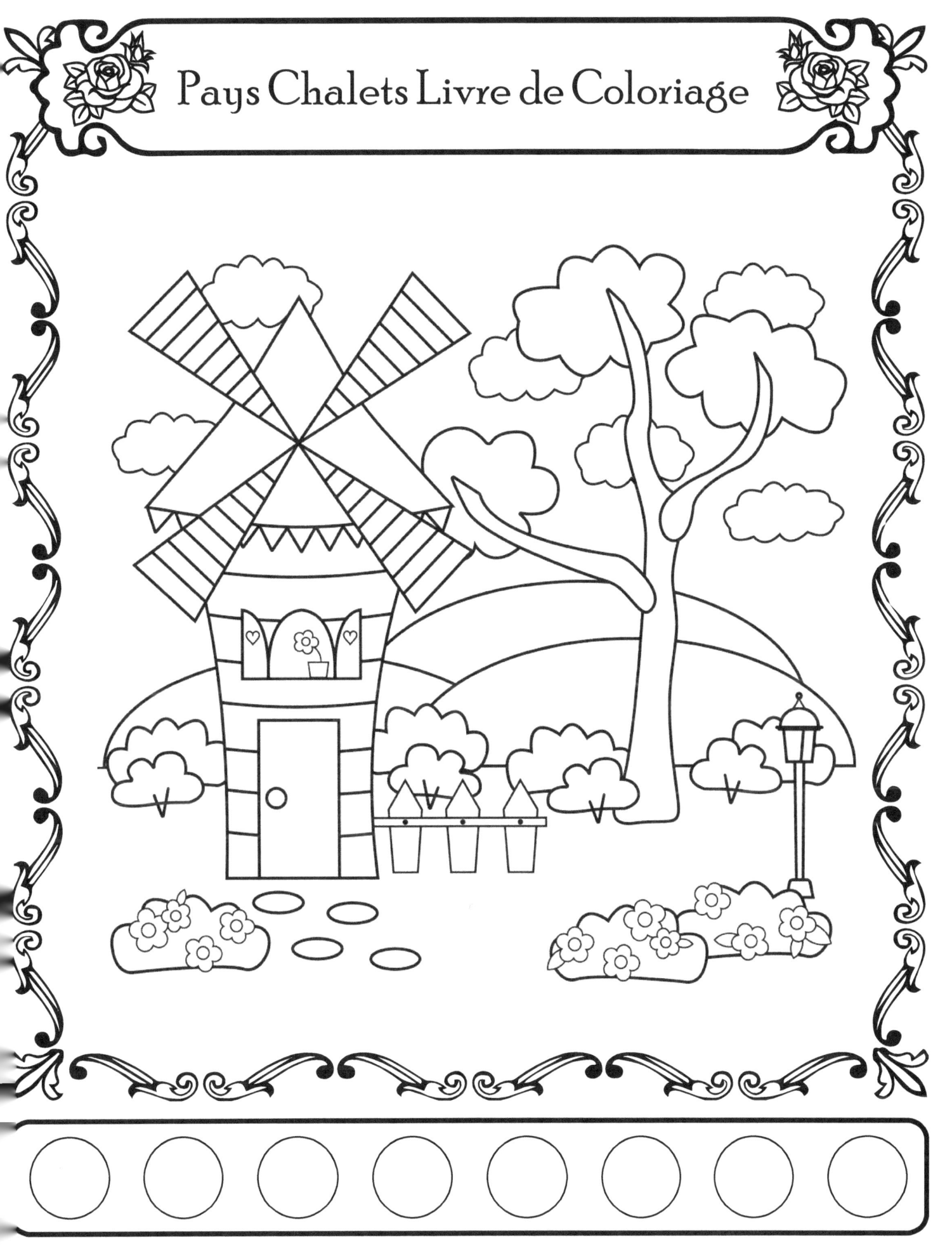

Pays Chalets Livre de Coloriage

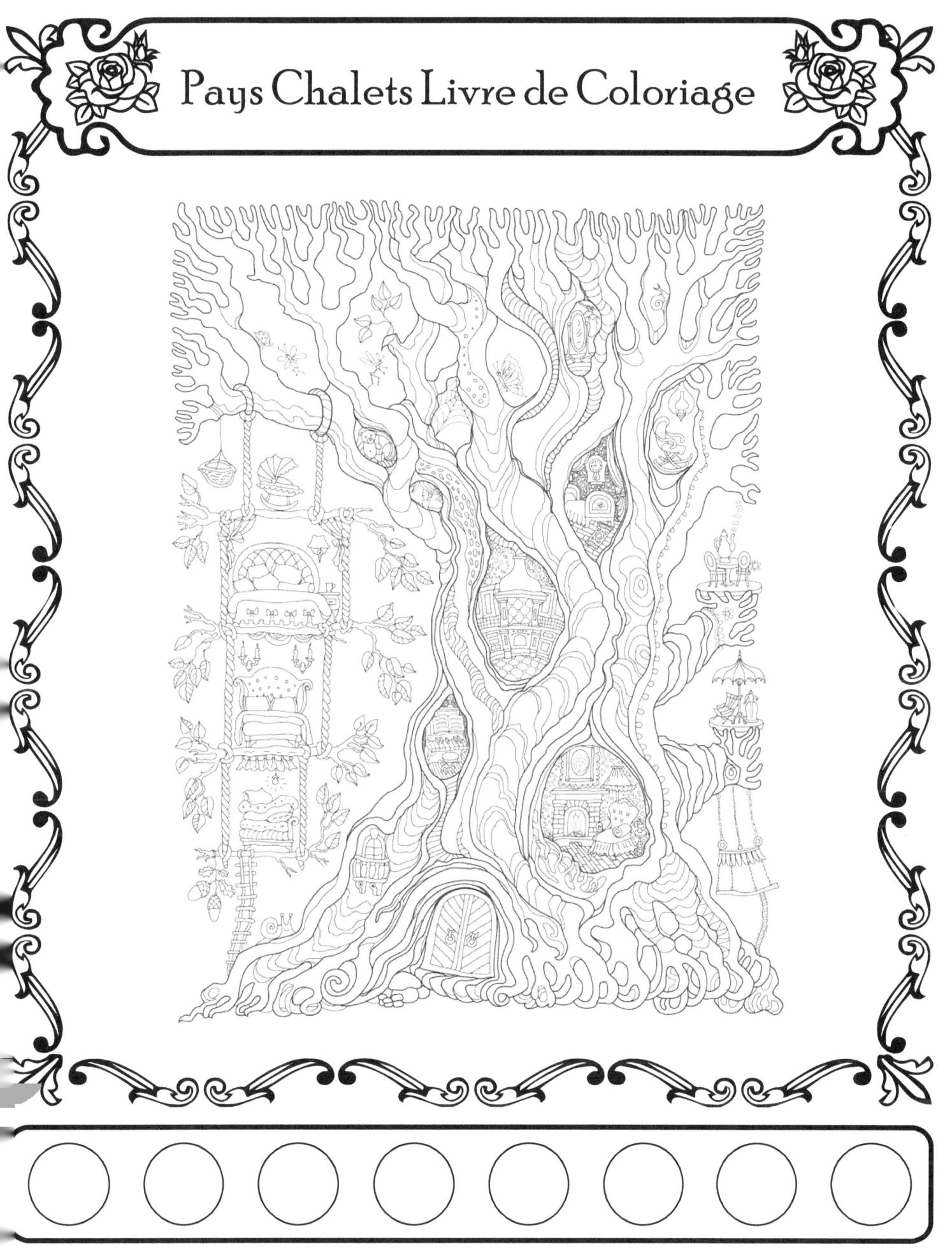

Pays Chalets Livre de Coloriage

www.ingramcontent.com/pod-product-compliance
Lightning Source LLC
Chambersburg PA
CBHW081001220526
45467CB00008B/2642